An Austrian in Argentina:
Essays in Honor of Alberto Benegas Lynch, Jr.

Coordinadores del libro

Juan C. Cachanosky is President of Corporate Training Argentina, Academic Councelor & Program Director at SMC University, Switzerland, and Learning Partner of Edinburgh Business School, Heriot-Watt University, Scotland

Guillermo Luis Covernton is Full Professor at Pontificia Universidad Católica Argentina, Academic Director at Fundación Bases, Rosario, Argentina

Federico N. Fernández is a Senior Fellow at Austrian Economics Center (Vienna, Austria) and Founder and President of Fundación *Bases* (Rosario, Argentina). He is a member of the Organizing Committee of the International Conference *"The Austrian School of Economics in the 21st Century"*

Kurt R. Leube, Prof. emeritus is a Research Fellow at the Hoover Institution, Stanford University and Academic Director of the European Center of Austrian Economics Foundation (www.ecaef.li) in Vaduz (Principality of Liechtenstein)

An Austrian in Argentina:

Essays in Honor of

Alberto Benegas Lynch, Jr.

Juan Carlos Cachanosky, Guillermo Luis Covernton,
Federico N. Fernández, Kurt R. Leube
(academic editors)

van Eck Publishers

Liechtenstein

Episteme
Editorial

Guatemala / Miami

Título: An Austrian in Argentina: Essays in Honor of Alberto Benegas Lynch, Jr
Coordinadores: Juan Carlos Cachanosky, Guillermo Luis Covernton, Federico
N. Fernández, Kurt R. Leube
Prólogo: Juan Carlos Cachanosky
Ed.: Guatemala / Miami: Editorial Episteme; Liechtenstein: van Eck Publishers
2015
Descripción: 212 p.; 14x21 cm.
ISBN: 9789929677159
Temas: Economía; Liberalismo, Empresarialidad; Institucionalidad

Edición a cargo de Antón A. Toursinov
Diseño y diagramación: Luis Alejandro Ramos

epistemeguate@publicist.com

ISBN: 9789929677159

Impreso en los Estados Unidos de América

ÍNDICE:

Prefacio:
ALBERTO BENEGAS LYNCH

Vinzenz Thurn

Fue hacia fines de 2013 cuando inesperadamente recibí un mail de Alberto Benegas Lynch. Hasta el momento solo conocía su nombre de sus publicaciones. Alberto se puso en contacto conmigo ya que era un buen amigo de mi tío Max Thurn con el cual no solo compartía muchos intereses e ideas comunes, sino que también eran parte del Board de la Sociedad de Mont Pelerin.

Conocer a Alberto fue, de hecho, suerte pero no casualidad: la cantidad de personas hoy en día que comparte nuestro pensamiento liberal, parece ser demasiada poca, que uno hasta puede creer conocerlos en persona, a cada uno de ellos. Y justamente esta circunstancia fue la que nos unió en las conversaciones que hemos tenido hasta entonces. Yo valoro a Alberto como uno de los pensadores más perspicaz dentro de la tradición de los "Austrians". En sus libros, ensayos y conferencias disecciona tajantemente las turbulencias económicas que surgen, hoy en día, como consecuencia de errores cometidos por los gobiernos y sus instituciones, que presenciamos y seguiremos presenciando. Aún más, explica en detalle que los sistemas de redistribución globalmente aplicadas, dirigidas centralmente, no conducen a una mayor justicia, sino, más bien, a la injusticia institucionalizada. Todas ellas no solo parecen económicamente destructivas, sino también moralmente muy dudosas. Su libro "Estados Unidos contra Estados Unidos" probablemente se deja, en las principales críticas, trasladar hacía la mayoría de los países europeos.

Generalmente, la intervención del Estado en la libertad personal comienza en pequeños pasos y luego se agrandará exponencialmente. Especialmente en el tiempo presente nuestros derechos individuales, democráticamente titulados, serán limitados de forma alarmante, por los pretenciosos gobiernos bajo el pretexto de querer proteger nuestra libertad y seguridad. Los efectos posteriores a ésta histérica avalancha de leyes, que fueron lanzadas "para nuestra protección", no son previsibles de ninguna manera y son de temer. Temer que, al final, estas reglamentaciones y centralizaciones nos lleven a sufrir un caos mucho peor que el anterior, del cual nuestros supuestos protectores nos querían preservar.

Pero ¿tal vez lo que necesita es un derrumbamiento para que haya un nuevo comienzo? Según Schumpeter, esto probablemente sería una especie de "destrucción creativa". Capaz que de este modo se creará un orden económico y social, que se basa en los valores fundamentales de libertad, responsabilidad individual y respeto recíproco entre las personas. Valores que son tan claros y evidentes, pero de los cuales sin embargo, actualmente la mayoría parece alejarse cada vez más.

Estas son probablemente las razones por las cuales la gran obra de Alberto es leída demasiado poco, comparado con trabajos de Piketty o Krugman, los cuales corresponden a la presente tendencia del Keynesianismo. No solo queremos contribuir con este libro un fin a dicha tendencia. Queremos agradecer a Alberto Benegas Lynch (h) por sus destacadas contribuciones a la reanimación de la Austrian School of Economics. Su aporte conservará su valor, y si no es en nuestra generación, será en las próximas.

Prólogo

Juan C. Cachanosky

El de la educación es uno de los mercados más regulados en el mundo entero, y, especialmente en Latinoamérica. Los ministerios de educación regulan contenidos, cargas, horarias e inclusive nombre de los cursos. Las universidades tienen que pedir autorización a los gobiernos de sus respectivos países para poder abrir carreras ya sea de grado, o posgrado. Estos trámites burocráticos pueden llevar años, lo cual, obviamente atenta contra la competitividad y las finanzas de las universidades. La competencia es prácticamente imposible. A tal punto que el mercado, o sea los estudiantes potenciales, están realmente confundidos acerca de lo que es un título valido o no.

En medio de este mercado altamente regulado Alberto Benegas Lynch (h) y un conjunto de empresarios de verdad (para diferenciarlos de los empresarios prebendarios) desafiaron el mercado en Argentina y lanzaron la Escuela Superior de Economía y Administración de Empresas (ESEADE). Esta institución ofreció un "Máster en Economía y Administración de Empresas" desafiando todas las regulaciones y restricciones del mercado. Claro, luego de las publicidades del programa en los periódicos llegó el llamado del Ministerio de Educación. Lejos de retroceder ante el ministro de educación Alberto salió a defender el principio constitucional libertad de enseñar y aprender. Su contundente argumentación hizo retroceder al ministro de educación, dicho sea de paso, de un gobierno militar.

Y así nació ESEADE, la primera escuela de posgrado privada de Argentina liderada por Alberto desde 1978 hasta el 2001. El máster de ESEADE era muy original porque el estudiante recibía cursos de administración de empresas y de economía. Una combinación casi inexistente. Lo normal es que se formen administradores de empresa sin conocimientos profundos de economía o economistas que no parecen tener conocimientos profundos de economía. El ESEADE brindaba esta innovadora propuesta con una perspectiva de análisis en todos los casos de la Escuela Austríaca de Economía.

11

Alberto estaba, y sigue estando, convenido del poder de las ideas para influir sobre las políticas sociales y económicas de una sociedad. Para ello formó dentro de ESEADE un Departamento de Investigaciones dirigido por Ezequiel Gallo. Por este Departamento de Investigaciones pasaron profesionales de altísima reputación internacional como Alejandro Chafuen, Gabriel Zanotti, Esteban F. Thomsen, Alfredo Irigoin, Eduardo Zimmermann, Enrique Aguilar y Ricardo Rojas. Martín Krause se sumó para un proyecto específico de políticas públicas llamado "Proyectos para una sociedad libre". Martín sucedió posteriormente a Alberto como rector de ESEADE.

Por iniciativa de Alberto y Ezquiel Gallo también se comenzó a publicar la revista académica semestral *Libertas*. Esta revista logró en poco tiempo una alta reputación tanto en Argentina como en toda Latinoamérica y el nombre de ESEADE fue ganando cada vez más prestigio.

Si hay algo que Alberto tenía muy claro es que es más importante invertir en profesionales que multipliquen las ideas de liberalismo a invertir en edificios y gastos fijos. Muchas universidades han dado vuelta estas variables. Realizan fuertes inversiones es inmuebles que disparan los costos fijos a costa de la calidad académica. Esto hace acordar un poco a los gobiernos que gastan en supuestos "beneficios sociales" y descuidan su objetivo fundamental: la seguridad y la justicia. Si bien la infraestructura de una institución educativa es muy importante esta no se puede hacer "a costa" de la calidad académica, tarde o temprano estas instituciones pierden calidad y alumnos también. La estrategia de Alberto puede considerarse todo un éxito en multiplicar profesores que se sumaron a la difusión científica del liberalismo, entre ellos tenemos a Alejandro Gómez, Pablo Guido, Juan Sebastián Landoni, Adrian Ravier, Guillermo Covernton. Todos ellos terminaron enseñando en distintas universidades de Argentina y del exterior contribuyendo a expandir las ideas liberales.

Entre las actividades más enriquecedoras estaban las reuniones de los investigadores para debatir distintos temas o artículos escritos por sus miembros. La diversidad de formación de los investigadores enriquecía enormemente estos debates. Siempre estaban presentes los puntos de vista del historiador, el filósofo, el abogado, el economista y el politólogo. Por otra parte se organizaban las Jornadas

Anuales donde esta interdisciplinariedad se expandía a matemáticos como Oscar Cornblit, sociólogos como Manuel Mora y Araujo y Carlota Jackisch.

El clima de producción de trabajos académicos es una de las principales características del clima que genero Alberto en el ESEADE "original". La ventaja competitiva de ESEADE era la identificación con las ideas de las escuelas Austríaca de Economía y la Escocesa. A los potenciales alumnos Alberto se encargaba en las entrevistas de enfatizarles que el título de ESEADE no tenía ninguna validez oficial en esos momentos. Pero lo que atraía alumnos era el "enfoque" liberal de la institución, la calidad académica y reputación del cuerpo de profesores y el plan de materias cuidadosamente diseñado. Estos alumnos, en un mercado educativo altamente regulado, preferían optar libremente por el título no oficial de ESEADE.

La calidad académica fue el centro de atención de Alberto Benegas Lynch (h). Los cursos tenían un límite máximo de 25 alumnos para facilitar la interacción y lograr un mejor control sobre el conocimiento de cada alumno. Obviamente esto implicaba un esfuerzo financiero importante. Desde un punto de vista financiero hubiese sido mucho mejor juntar 50 alumnos en "una" sola aula en vez de dos aulas de 25. Tanto los costos variables como fijos son bastante más bajos si opta por volumen. El volumen de alumnos no debía afectar la calidad del profesional formado.

El otro gran pilar era la investigación. El Departamento de Investigaciones de ESEADE "producía" bajo la dirección del Dr. Ezequiel Gallo, doctorado en historia en la Universidad de Oxford. Ezequiel fue sin duda un director de lujo durante muchos años. Logro crear un clima de reflexión intelectual que nos tenía atrapados a todos en una carrera de mejorar continuamente en conocimientos. Entre las contribuciones de Alberto fue que una parte importante de los investigadores pudiésemos obtener nuestros doctorados en Estados Unidos con dos discípulos claves de Ludwig von Mises, Hans F. Sennholz en International College de Los Angeles e Israel M. Kirzner en New York University. Hace iun mundo de diferencia en la excelencia académica que una universidad investigue o no.

En la década de 1990 la legislación obligó a ESEADE a incorporarse al sistema regulado. Si bien esto fue, por un lado, un revés para el futuro de ESEADE, al mismo tiempo fue un excelente ejemplo de cómo una institución educativa independiente puede competir y derrotar a los programas "oficialmente" reconocidos. ESEADE junto con el CEMA (Centro de Estudios Macroeconómicos de Argentina) y IAE (Instituto de Altos Estudios Empresariales) quitaban mercado a los programas oficiales.

Dentro de un mercado altamente regulado la única forma que una institución educativa tiene para captar alumnos es construyendo una reputación de alta calidad. Se trata, en realidad, de una competencia desleal. La combinación de calidad contenidos y profesores es lo que construye marca y requiere de tiempo, paciencia y capital. ESEADE estaba apoyado financieramente por un grupo de empresarios que creían en esta combinación. Después de todo el éxito de los graduados depende de los conocimientos que hayan adquirido y no de un sello de un ministerio en el diploma. Sin embargo los gobiernos han generado la creencia de que los títulos son válidos si están reconocidos por sus ministerios de educación.

Un grupo de amigos de Alberto decidimos publicar este libro en homenaje a su brillante contribución para difundir las ideas liberales. Todos le estamos muy agradecidos por haber influido en nuestras vidas de una u otra manera. El liberalismo necesita más personas como Alberto Benegas Lynch (h).

JUSTICIA Y EFICIENCIA:
Aportes al debate desde la informalidad[1]

Martín Krause

Si bien los economistas clásicos se ocuparon en forma extensa y detallada de temas relacionados con el derecho y su impacto en la economía fue a partir del desarrollo del "Análisis Económico del Derecho" (AED) que comenzaron a utilizar los supuestos básicos de la ciencia económica para analizar las instituciones jurídicas.

Siempre estos cruces entre disciplinas han generado intensos debates y este caso no ha sido la excepción. En particular, para los abogados acostumbrados a razonar en términos de justicia les resulta extraño un análisis de normas jurídicas basado en un criterio de eficiencia, no porque nunca hayan considerado la eficiencia de las normas sino porque no hayan tomado a este criterio como la base para la asignación de derechos. El lenguaje económico basado en conceptos tales como la maximización de utilidad, precios, incentivos y equilibrio parece ajeno al ámbito del derecho, como también el criterio de eficiencia desarrollado por los economistas.

Por otro lado, los economistas neoclásicos no encontraron un sustento científico para el concepto de justicia, considerando que las proposiciones que no tuvieran consecuencias predecibles no podían ser consideradas verdaderas o falsas por lo que debían ser agrupadas como conceptos "no-científicos" y erradicados del corazón lógico de la ciencia económica (Cooter, 2005).

El AED, además, desarrolló recomendaciones normativas que chocan con la formación tradicional del jurista llamando a los jueces, por ejemplo, a fallar en cuestiones relacionadas con la indefinición del derecho de propiedad o sus atributos, en presencia de externalidades negativas, a partir de un análisis de costos y beneficios que llevara a la maximizar la utilidad conjunta de los actores. Un largo

---

[1] La relevancia de este artículo para este homenaje se debe simplemente al hecho de referirse al barrio donde mi amigo y mentor, Alberto Benegas Lynch (h), vivió buena parte de su vida.

debate se originó desde entonces (Posner, 1979; Mathis, 2009) enfrentando a economistas por un lado y juristas por otro.

El concepto de eficiencia

La denominada "revolución marginalista" que destronó a las teorías objetivas del valor y propuso en su lugar una teoría subjetiva, la de la utilidad marginal decreciente, con los aportes de Carl Menger, William Stanley Jevons y León Walras en los años 1870, demandó un criterio diferente de eficiencia al simple concepto de maximizar la producción con cierto volumen de recursos. Éste fue propuesto por Vilfredo Pareto y pasó a ser conocido como "óptimo de Pareto", un principio que permite comparar distintas situaciones sin caer en comparaciones interpersonales de utilidad, vedadas en un análisis científico que no debe introducir juicios de valor.

El criterio de Pareto establece que una situación A es superior a otra B si algunos han podido mejorar su situación sin que empeore la situación de los demás y un óptimo de alcanza cuando ya no pueden mejorarla sin empeorar la situación de los otros. Otra forma de plantearlo es que la situación A es superior B si nadie prefiere B sobre A y al menos alguien prefiere A sobre B. El criterio sirve para evaluar situaciones tales como el mercado, donde se producen transacciones voluntarias que expresan, al menos, un criterio de unanimidad débil, esto es, quienes realizan el intercambio mejoran su condición (pues de otra forma no lo hubieran realizado) mientras que los demás no se oponen a él. Como tal, el criterio de eficiencia de Pareto excluye la realización de transacciones no voluntarias, las que no pueden ser eficientes por definición.

No obstante, muchas de las circunstancias que trata el derecho son del tipo no voluntario, como también las políticas públicas que emanan del estado, monopolio de la coerción. Los economistas neoclásicos buscaron entonces un criterio alternativo al que llamaron de compensación potencial, o Kaldor-Hicks, por quienes lo propusieran. Según éste, un estado C es preferible a otro D si los beneficios que algunos obtienen allí superan a los costos que otros reciben, de forma tal que pudieran compensarlos y todavía sobrara un remanente de utilidad, aun cuando esa compensación no se llevara efectivamente a cabo. Tomemos un ejemplo: una cierta política pública puede ser considerada "eficiente" según este criterio si genera más beneficios que costos en un sentido general, sin que unos y otros caigan necesariamente en las mismas personas.

Este concepto neoclásico de eficiencia fue luego trasladado por el Análisis Económico del Derecho a todas las áreas del derecho (derechos de propiedad, contratos, daños y derecho penal) y en cuanto lo que aquí nos interesa al análisis de la resolución de disputas como criterio para asignar derechos; en otros términos asignando la tarea al legislador o al juez de maximizar utilidad a partir de un análisis de beneficios y costos donde los primeros fueran superiores a los segundos, en lugar de aplicar un tradicional concepto de justicia.

Un debate también en la economía

No obstante, ese debate no estuvo ajeno a la ciencia económica misma. Los economistas de la Escuela Austriaca, por ejemplo, han tenido una visión ambivalente sobre las contribuciones fundacionales de Ronald Coase al Análisis Económico del Derecho moderno, particularmente en lo que luego fuera llamado "Teorema de Coase" (Coase, 1960), y una visión mucho más crítica sobre la subsiguiente visión de la ley basada en la "eficiencia".

Una interpretación benigna desde la perspectiva de esta escuela destacaría la crítica de Coase a la teorización basada en el equilibrio general, la necesidad de considerar los marcos institucionales cuando los costos de transacción son suficientemente altos como para impedir las negociaciones bilaterales y su rechazo a las propuestas políticas la "economía del bienestar" de Alfred C. Pigou de subsidios e impuestos para resolver problemas de externalidades positivas y negativas (Boettke, 1997). Según esta visión, Coase es un pionero y un contribuyente principal al nuevo florecimiento de la atención sobre al papel de las instituciones y con ello se suma a una preocupación por el tema de larga data entre los autores de la tradición austríaca, ya presente en los trabajos de Menger. Esta perspectiva también destaca la importancia de las soluciones voluntarias a los problemas de externalidades negativas, no consideradas en la visión de Pigou.

Una segunda interpretación, que puede no excluir a la primera, rechaza la idea de la "naturaleza recíproca del daño" y, más que nada, su propuesta que ante la presencia de costos de transacción "lo que debe decidirse es si las ganancias de prevenir el daño son mayores que la pérdida que se sufriría como resultado de frenar la acción que produce el daño" (Coase, 1960, p. 27)[2], con el correspondiente consejo a los jueces, probablemente proveniente más de los seguidores de Coase que de él mismo, de asignar derecho siguiendo un análisis de costos y beneficios de forma tal de maximizar el resultado agregado positivo. La naturaleza subjetiva del valor y la imposibilidad de realizar comparaciones interpersonales de utilidad tornarían inútil dicho intento, si no peligroso.

Siguió a esto un largo debate sobre consideraciones normativas presentando esencialmente dos posiciones: por un lado aquellas basadas en una visión "Lockeana" del derecho natural y la propiedad sobre el propio cuerpo como determinante de derechos y consideraciones de justicia (Block, 1977, 1995) y otras basadas en la eficiencia en apoyo de Coase, si bien con una perspectiva evolucionista Hayekiana (Demset, 1979)[3]. Según esta segunda visión "es la supervivencia lo que identificará qué es eficiente o no" (Demsetz, 1979, p. 115). Muchos austríacos estarían de acuerdo con ello aunque no irían tan lejos como para asignar el poder de identificar la eficiencia a un juez y argumentarían que la eficiencia es una variable dependiente de los derechos de propiedad, no al revés.

---

[2] Ver Block (1977; 1995), Cordato (1992 [2007]), Rizzo (1980) como ejemplos de una literatura más amplia.

[3] "Life-styles that promote survival come to be viewed as ethical, and those that fail in this respect come to be viewed as in poor taste, if not as unethical. Our present preferences and tastes must reflect in large part their survival promoting capabilities".
"In a loose and general way our life-styles, preferences, and ethical beliefs are not arbitrary but are the product of thousands of centuries of biological and cultural evolution".
"We are bound to view the proper resolution of legal problems from the perspective of what presently seems efficient, whether or not efficiency is explicitly applied. Our genetic and cultural endowment contains elements of ethical preference that have survived dramatically different environments. It undoubtedly contains some ethical preferences not well suited to present conditions, but then the present is not long with us". (Demsetz, 1979, pp 114/115).

Asimismo, respecto al primer tema, muchos economistas simplemente asumieron la mera presencia de costos de transacción y descartaron soluciones voluntarias, concentrándose en políticas públicas o reformas institucionales.

Este artículo no se plantea el objetivo de resolver el debate entre eficiencia y justicia sino que adopta un enfoque positivo. Buscará solamente traer a consideración un caso de estudio sobre derechos de propiedad y la solución de problemas de externalidades en un entorno donde el sistema formal de administración de justicia y la solución de disputas no está presente, como en los barrios informales o pueblos que se encuentran en la mayoría de los países pobres o no desarrollados. Toda la discusión sobre el Teorema de Coase asumió el problema con una formal definición de derechos de propiedad y la existencia de un sistema judicial formal y jueces a los que se dirigía el consejo normativo en caso de disputas sobre aspectos no definidos de ese derecho: juzgar según un criterio de eficiencia o de justicia.

La cuestión positiva, sin embargo, es: ¿qué es lo que hacen en verdad los jueces? En el caso del sistema judicial formal, gubernamental, la respuesta no es simple ya que, como parte del sistema político, es necesario introducir consideraciones planteadas por la Escuela de la Elección Pública (Public Choice) (Stearns & Zywicki, 2009). ¿Y respecto a los ámbitos informales? ¿Existe una solución informal a los conflictos y, en tal caso, quien la proporciona? Y quienquiera que sea, ¿qué tipo de criterios encontramos allí? ¿Se solucionan los problemas de externalidades negativas siguiendo criterios de eficiencia, maximización del valor, o de justicia? Asimismo, ¿se realizan negociaciones bilaterales o multilaterales para reducir los efectos de las externalidades negativas o son los costos de transacción fijos y suficientemente altos como para prevenirlas?

Nuestra conclusión será que ambas cosas pueden encontrarse en los barrios informales: las soluciones voluntarias a problemas de externalidades son abundantes aun en ausencia de reglas formales; los costos de transacción son inobservables por terceras partes pero en muchos casos han de ser suficientemente bajos para permitirlas; los beneficios subjetivos han de ser más altos que los costos, y la soluciones informales a disputas entre vecinos siguen un enfoque basado en "derechos" y no buscan intencionalmente la eficiencia, aunque ésta puede ser un resultado no intencional o secundario de la asignación de derechos. También existen servicios informales de mediación, insinuando que el valor de esos servicios es mayor que su costo. Aunque enfocado en los barrios informales de los países pobres y no desarrollados, las conclusiones se extienden también a los barrios y actividades informales en los países desarrollados (Venkatesh, 2006)[4].

Ocupantes informales

No existen estadísticas confiables sobre la cantidad de habitantes que no cuentan con título de propiedad formal pero, cualquiera que sea, no es pequeño. Neuwirth (2006) lo estima en mil millones de personas, uno de cada seis humanos en el planeta (p. 9), y creciendo. Según este autor doscientas mil personas dejan las regiones rurales y se trasladan a las ciudades cada día, setenta y tres millones en el año. Para 2030 serían dos mil millones, uno cada cuatro personas. UN-Habitat estima el número en 928 millones para 2003, 32% de la población urbana global y 43% de los países pobres y no desarrollados. El informe proyecta que la población en barrios informales crecerá en 37 millones por año para alcanzar mil quinientos millones en 2020. América Latina, que tiene el 9% de la población mundial, representa al 14% de los habitantes de barrios informales. Las estimaciones incluyen el 39.5% de los habitantes de Rio de Janeiro, 50% en El Salvador, 39% en Caracas (Smolka & De Cesare, 2010).

Cravino (2006) cita otras fuentes mostrando un porcentaje de vivienda informal del 63% en Lima, 73% en Managua, entre 50 y

---

[4] Por ejemplo, Venkatesh (2006, p. xv.) comenta sobre el Maquis Park, Chicago, Ill.: "Quite literally I saw a world open in front of me that I had never before paid any mind, a world whose significance I couldn't have imagined. The innumerable economic exchanges that took place every hour, every day, no longer seemed random or happenstance. There was a vast structure in place, a set of rules that defined who traded with whom, who could work on a street corner or park bench, and what prices could be set and what revenue could be earned. There were codes in place for settling disputes and adjudicating conflicts, unwritten standards that tried to ensure that haggling did not get out of hand."

65% en México DF, 59% en Bogotá, 22% en San Pablo y 50% en Quito. La vida en los barrios informales fue analizada por estudios sociológicos principalmente hasta que Hernando de Soto y sus asociados en el Instituto Libertad y Democracia de Lima, Perú, presentaron una perspectiva totalmente diferente. En su libro *El Otro Sendero* (1987), mostraron a la informalidad en general y a la vivienda informal en particular como un fracaso de los gobiernos, no de los mercados, y como una reacción de los pobres con espíritu emprendedor para ganarse la vida y obtener una vivienda. La irónica referencia al grupo guerrillero "Sendero Luminoso" mostró que los peruanos pobres más que una revolución socialista simplemente querían derechos de propiedad y libertad contractual en el comercio y la producción. Estimaron que en 1982 el 42,6% de las viviendas de Lima era informal y en 1984 el precio promedio de una de estas viviendas era de u$s 22.038, lo que significaba que el valor total de la vivienda informal en Lima era de 8.319 millones de dólares, equivalente al 69% de la deuda externa de Perú en ese momento.

Asimismo, el gasto público en vivienda para los pobres era de 173,6 millones de dólares, o un 2,1% de la inversión informal. Finalmente, de Soto enfatizó la importancia de las normas informales de conducta y registró las ocupaciones de terrenos, la asignación de parcelas y los títulos informales de propiedad. Esta visión desafió el paradigma predominante que asignaba una lógica diferente, altruista, entre los pobres. De Soto los mostró como individuos persiguiendo sus propios intereses como cualquier otro, dejados fuera de los mercados debido a una pesada carga de regulaciones, ante la que reaccionaron evadiéndola.

Las ocupaciones se realizaban de dos formas: graduales o violentas. Las primeras ocurrían en barrios informales ya existentes o en las vecindades de granjas o campos mineros cuando eran tolerados por sus empleadores. Las otras ocurrían principalmente en propiedad pública y eran lideradas por un grupo de personas de a misma vecindad o familia o grupo nativo, que organizaba un número suficientemente alto para tomar la tierra minimizando el riesgo de expulsión inmediata. Parcelaban los lotes y los adjudicaban, contrataban estudiantes de ingeniería para diseñar planos considerando futuras áreas para escuelas o parques y abogados para presentar pedidos formales de adjudicación para mostrar que habían iniciado un proceso formal cuando enfrentaran la amenaza de desalojo.

Las negociaciones informales entre ocupantes se acercaban a un "contrato de ocupación" informal, estableciendo los límites del predio y las responsabilidades de la organización informal a cargo de su cumplimiento. Estas no era las únicas organizaciones informales, sin embargo, también hay clubes, asociaciones de padres, escuelas informales (Tooley, 1999) e iglesias, entre otras. Una configuración similar se encuentra en la mayoría de los barrios informales de América Latina.

Soluciones voluntarias

En presencia de costos de transacción, las negociaciones sobre los efectos de externalidades negativas son costosas y las soluciones voluntarias pueden fracasar. Esto ha llevado a muchos economistas a descartar este tipo de soluciones analizando estas situaciones como un observador externo que evalúa cuán elevados estos costos son.

Sin embargo, para los economistas austríacos los costos son subjetivos también e inherentes al individuo actuante. La valoración se hace evidente solamente como "preferencia revelada" en la acción. Por lo tanto, no es mucho lo que un observador externo puede decir excepto que si la transacción se ha realizado debe asumirse que las partes pensaron que "llevaría a un incremento en el valor de la producción", y si no, que los costos subjetivos eran superiores a los beneficios subjetivos.

En un estudio de campo realizado en un barrio informal de los suburbios de Buenos Aires donde no existe una definición formal de derechos de propiedad en las viviendas, encontramos una gran número de soluciones informales (Hidding Ohlson & Krause, 2010).

San Isidro es una localidad a 30 kilómetros al norte del lugar donde fuera fundada la ciudad de Buenos Aires, una zona límite entre las áreas ocupadas, o más bien, transitadas por las tribus Guaraníes y Querandíes. Juan de Garay, su fundador, distribuyó parcelas en la costa norte del Río de la Plata entre sus hombres, hasta un poco más allá de San Isidro. Sólo dos siglos después comenzó a crecer un pequeño pueblo con ese nombre, el del santo patrono de Madrid, que completara su desarrollo gracias a la inmigración que se originara con el despegue económico de Argentina en la segunda mitad del siglo XIX.

Las extensas propiedades fueron parceladas y originaron un centro urbano, por un lado, y unos barrios residenciales con parcelas mayores y casas llamado Lomas de San Isidro. La Cava es un barrio informal, creado principalmente sobre tierras públicas, vecino al barrio residencial. En 1946 la empresa estatal de agua, Obras Sanitarias, solicitó este terreno al gobierno para utilizar su tierra roja como filtro de agua y para la fabricación de ladrillos, generando un pozo o "cava", que le diera su nombre. La excavación llegó pronto hasta la napa de agua y el proyecto fue abandonado. El pozo fue rellenado parcialmente y comenzó a ser ocupado. Diferentes censos estiman la ocupación entre 1700 y 2100 viviendas y entre 8 y 11 mil habitantes, aunque alcanzó un número superior en el pasado.

En La Cava solamente el 16% de los encuestados manifestó poseer un título de propiedad sobre su vivienda. Entre los restantes, el 17% dijo poseer un documento informal, consistente usualmente en una factura informal de compra/venta. En total, el 84% dijo no tener documentación formal. En promedio han habitado en la misma casa por 15 años, lo que muestra una baja rotación. Cuando se les preguntó cómo obtuvieron la vivienda, el 37% dijo haberla comprado mientras que el 26% la construyó. En muchos casos, crecieron como anexos de la casa de familia; el 6% dijo haber recibido la vivienda del gobierno. Preguntamos a los habitantes de La Cava cómo resolvían los problemas que pudieran tener con vecinos cuando había algún conflicto relacionado con la coexistencia, tal como externalidades negativas. Por ejemplo, ¿qué sucede si un vecino escucha música a un volumen muy alto, o emite humos y olores desagradables? ¿Qué sucedía si existían problemas en cuanto a la delimitación de las viviendas o límites poco claros entre una y otra, o se construía un segundo piso bloqueando la luz o dañando la propiedad vecina? Las casas son precarias, pequeñas y muy contiguas y estas posibilidades son reales.

Confirmando las conclusiones desde una interpretación subjetiva del Teorema de Coase, el 76% manifestó que resolvían estos problemas hablando con el vecino. Preferían no tener intermediarios, ni del barrio ni de fuera de él, y buscaban evitar la violencia. Sólo en casos extremos acudían a ella, conscientes de que no pueden acudir a la justicia y que nunca se sabe cuando termina. Además, cuando la gente vive tan cerca entre sí, mantener una buena relación con los vecinos es un activo importante. Los casos que no se resuelven se relacionan con la naturaleza, usualmente violenta, del vecino, por lo que en esos casos prefieren asumir el costo de la externalidad antes que intentar una solución negociada.

En algunos casos las organizaciones informales administran justicia, básicamente sobre temas relacionados con la propiedad o el crimen. En este segundo caso, de Soto et al (1987, p. 30) relata el procedimiento, que permite la presencia tanto de la víctima como del acusado, testigos y jurados, en contraste con el sistema judicial formal en Perú donde no hay jurados. Las penalidades incluyen golpizas o el destierro que se acompaña con la pérdida de la propiedad. Si hay resistencia o la expulsión fracasa se permite que un nuevo habitante ocupe el espacio libre del predio del criminal reduciendo su derecho de propiedad informal. Para los homicidios el criminal es entregado a la policía o puede ser "linchado", particularmente por la violación de menores.

En cuanto a las cuestiones relacionadas con la propiedad, el sistema judicial peruano nunca se ocupó mucho de resolver disputas y se trasladaban a las autoridades administrativas, que también estaban abarrotadas y eventualmente aceptaban las decisiones de las organizaciones informales. Los Jueces de Paz son usualmente solicitados para mediar pero no resuelven las disputas siguiendo la ley formal sino las normas extra-legales.

Los líderes de las organizaciones informales actúan como jueces de primera instancia y las Asambleas como segunda instancia en cuestiones de delimitación de la propiedad y los contratos de venta o alquiler.

Resulta importante destacar que las organizaciones informales que administran justicia sobre cuestiones de propiedad se encuentran en un entorno competitivo: sus líderes son removidos si no cumplen con las expectativas de los ocupantes tanto sea en cuanto a vínculos con las autoridades formales como la provisión de bienes públicos o la administración de justicia. De Soto et al también comentan que no tienen remordimiento alguno para cambiar de líderes sin tomar en cuenta su alineamiento político o ideológico (p. 28); una visión compartida por Cravino (2009, p. 163)[5] sobre las "villas miseria" de Buenos Aires, quien encuentra que los "delegados" toman decisiones e incluso imponen medidas de control de la "vida cotidiana (cómo construyen, si hacen ruido, si tienen conflictos con otros vecinos, etc)". Ese entorno competitivo reduce los problemas de agencia y alinea las decisiones de los jueces más estrechamente con los valores de los ocupantes.

Zarazaga (2010) ha investigado el papel que cumplen los llamados "punteros" en Argentina, activos en los barrios informales que prosperan encontrando y asegurando votos para ciertos líderes políticos a cambio de servicios de todo tipo. El "puntero" es un residente de larga data quien puede conseguir planes sociales, alimentos, o materiales de construcción a cambio de votos el día de la elección. Los intendentes de estos distritos construyen una red jerárquica con estos "punteros" para lograr el control político y ser relectos. La mayoría de los intendentes de los suburbios de Buenos Aires, donde se enfoca la investigación de Zarazaga, han sido relectos muchas veces. Pero si bien el voto es la recompensa para el político, el puntero puede quedarse con una parte del salario de los residentes o incluso con favores sexuales. Lo importante para nuestras consideraciones es que se trata de un intercambio basado en la conveniencia y vacío de un contenido político real. El papel del "puntero" se basa en la reputación para conseguir los bienes y sabe muy bien cuáles son las necesidades específicas de cada uno y mantendrá su posición en tanto continúe entregándolos y esté disponible en cualquier momento del día[6]. De otra forma son abandonados y removidos sin remordimiento.

---

[5] Una mirada a las conflictividades internas, a las disputas por representación, la presencia de múltiples organizaciones de base que toman problemas parciales – guarderías, comedores, etc.- o que compiten por obtener seguidores-feligreses para distintas Iglesias o votantes para los partidos políticos-, nos muestra que no existe una representación pura e indisputada", p. 72.

[6] También Cravino (2009, p. 163): "La identidad política de los delegados es diversa, y muchas veces cambiante, y esto no parece ser el elemento central de la

Como parte de su investigación Zarazaga (2010b) entrevistó a 120 "punteros" en diferentes villas de Buenos Aires, 92% de los cuales tenían un promedio de 24 años de actividades sociales y políticas allí, 94% conocían la composición y necesidades específicas de cada familia a la que entregaban bienes y servicios, 92% conocía también las preferencias políticas del grupo. La reputación se obtiene "resolviendo problemas", lo que incluye la resolución de disputas.

En Maquis Park, Chicago, Ill., Venkatesh (2006, p. 4) informa sobre servicios similares: "Big Cat (líder de la banda local) no solamente ayudaba a Marlene a controlar a los miembros jóvenes de la banda; también le daba dinero para fiestas del club de chicos de la cuadra, y miembros de su banda patrullaban el vecindario tarde a la noche porque la presencia de la policía era muy escasa". Y en relación con el papel de las iglesias: "El Pastor Wilkins pertenece a ese pequeño grupo de seis a diez sacerdotes (el número cambia con el tiempo) quienes son el primer punto de contacto por incumplimiento de contratos y disputas sociales entre sombríos negociantes – bandas callejeras, prostitutas y ladrones entre ellos. Estos pastores y ministros recuperan objetos robados, arreglan una relación rota entre la prostituta y su proxeneta, y evita que las batallas entre bandas callejeras terminen en una guerra. Un ministro estimó que, entre 1989 y 1995 ganó aproximadamente 10.000 dólares por esos servicios" (p. 258).

Justicia

De Soto asigna a las organizaciones que manejan asentamientos informales un objetivo de "maximizar valor". Según investigaciones del Instituto Libertad y Democracia el objetivo principal de las organizaciones informales que surge del "contrato de ocupación" consiste en proteger e incrementar el valor de la propiedad tomada. En este sentido, cumplen una serie de funciones tales como negociaciones con autoridades, protección del orden público, gestiones para la

---

reputación, sino el acceso a los recursos que esa posición política trae derivada. Entonces, la política más que una cuestión ideológica aparece construida como un medio de canalización de recursos monetarios, bienes y servicios hacia el barrio".

provisión de servicios públicos, registro de la propiedad en el asentamiento y administración de justicia (1987, p. 27).

¿Significa esto que siguen un principio "coaseano" de eficiencia? La referencia, no obstante, se dirige a las negociaciones formales con las autoridades, no entre los ocupantes. Están forzados a negociar con las autoridades porque los derechos informales son también débiles y vulnerables y los ocupantes valoran cualquier paso que los consolide. Las negociaciones incluyen diferentes problemas que van desde el reconocimiento de la posesión a la provisión de servicios básicos e infraestructura. De Soto y Zarazaga, sin embargo, no se ocupan del criterio que estas organizaciones o los líderes sociales siguen en estos casos. Trataremos de deducirlos de otras fuentes.

Los ocupantes muestran una visión "Lockeana" sobre el origen de los derechos de propiedad: posesión por ocupación. Cravino (2006, p. 160) informa sobre las siguientes formas para obtener una vivienda informal:

1. Ocupando o tomando un "lote" y construyendo su propia vivienda.

2. Accediendo a un pedazo de terreno o construyendo su vivienda atrás o sobre la vivienda de algún pariente.

3. Mediante el "allegamiento": compartiendo la vivienda con un pariente o amigo, sobre todo por un período breve de tiempo para permitirle al recién llegado encontrar un lugar.

4. Viviendo en casas prestadas por algún pariente, vecino o amigo. Cravino (2009, p. 16) comenta la ambigüedad entre "cuidar" y "quedarse" en una casa. Aún si es prestada, con el tiempo quienes tienen la custodia de la casa considerarán que han adquirido un derecho sobre ella, sobre todo si realizaron trabajos de mantenimiento o mejoras.

5. Ocupación de viviendas deshabitadas (el dueño regresó a su país de origen o está preso o prófugo). Suele requerir la aprobación de una organización comunitaria, un delegado o la iglesia.

6. En algunos pocos casos obtienen la vivienda del gobierno local.

Chávez Molina (2010) encuentra el mismo principio en la asignación de puestos en la feria informal de Francisco Solano. Este suburbio del sur de Buenos Aires es la sede de una de las ferias comerciales más grandes de la ciudad, funcionando los miércoles y sábados con más de 1.600 puestos ofreciendo alimentos, ropa, calzado y todo tipo de productos falsificados. Aunque la feria como tal ha sido aprobada y es regulada por el gobierno local, éste solo ha autorizado 600 puestos y no hay control sobre los productos que se venden. En verdad, existen como dos ferias dentro de la misma área: una más formal y la "cola", como la llaman, completamente informal.

La existencia de estos mercados informales es visible en cualquier país no desarrollado y aún en algunos que lo son. Lo que resulta relevante para nuestro tema aquí es que no existe una regulación formal sobre el lugar que debe ocupar cada comerciante. Todos los entrevistados por Chávez Molina (2010, p. 153) dijeron que se habían "ganado" el lugar a través de la participación constante en la feria y las relaciones resultantes con otros comerciantes. Cualquiera puede instalarse en la feria, comenzando en la "cola" que es al final de la feria, o en las calles laterales, y solo luego de una participación constante y relaciones personales con los comerciantes ya establecidos se podrán mover a mejores ubicaciones cuando los lugares estén disponibles. Si un comerciante no se presenta por un mes, nadie cuestionará si otro ocupa su lugar, aunque se consideran situaciones de ausencia por enfermedad.

Una nota aparte de interés para los economistas austríacos deriva de la importancia de la primera posesión y se relaciona con la necesidad de un derecho de propiedad formal. La mayoría de los economistas austríacos enfatizarían la importancia de derechos de propiedad bien definidos pero ¿demanda esto un título "formal" o la "percepción de estabilidad de la posesión"?

De hecho, eso es lo que aporta el título formal y las ventajas de un buen sistema de registro y titulación han sido reconocidas por los austríacos y enfatizadas en el posterior libro de Hernando de Soto (2002), en este último caso señalando la necesidad de un título para acceder al crédito hipotecario. Estudios empíricos han mostrado también el impacto de la titulación en la inversión (Galiani & Shcargrodsky, 2005) y también en la calidad, tamaño y estructura de las casas, en los resultados educativos de los niños y en la formación de ideas sobre la propiedad y los mercados.

Otros autores cuestionan si un título formal es necesario para asegurar la posesión y proteger las inversiones, o existirían otros procesos que logran resultados similares. Por ejemplo, van Gelder (2010) comenta:

> Factores tales como el reconocimiento oficial de un asentamiento, la introducción de infraestructura y servicios, y otros factores que pueden fortalecer de facto la seguridad de la posesión fueron considerados más fundamentales que tener un documento legal sobre un terreno (e.g., Gilbert, 2002). Con respecto al acceso al crédito, los poseedores de títulos no obtuvieron préstamos más frecuentemente que los residentes que no los tenían. En El Tala solamente tres personas con título de propiedad habían sacado un préstamo hipotecario en los cinco años anteriores contra dos en la sección no titulada del asentamiento. Más gente –ocho en la zona titulada y cinco en la no titulada- habían obtenido préstamos en instituciones financieras que cobran altos intereses y no demandan la propiedad como garantía. En otras palabras, los propietarios no comprometían sus viviendas como colateral para obtener préstamos (p. 15).

Ostuni & van Gelder (2008, p. 205), apelan a una "construcción subjetiva" o percepción de seguridad que ciertamente provendría de un título pero también de la buena voluntad de funcionarios gubernamentales, una política de "laissez-faire" en relación con los asentamientos o a la provisión de servicios básicos. Baltrusis (2009, p. 71) informa que los precios en las "favelas" informales de Guarulhos, cerca de San Pablo, tienen un precio promedio de R$ 3.700 en Sao Rafael mientras que aquellos de Cabucú, un barrio recientemente ocupado, sólo de R$ 600.

Al margen de la forma que tome, la percepción de seguridad es determinante y las decisiones de adjudicación de mediadores o jueces informales tenderían, por lo tanto, a fortalecerla. Esto debilita el análisis de costo/beneficio en tales decisiones ya que volver a la asignación de derechos dependiente de la evaluación de un juez sobre un resultado neto volvería a generar inestabilidad, un punto planteado por Block (1995), aunque también mencionado por Coase[7].

---

[7] "It would therefore seem desirable that the courts should understand the economic consequences of their decisions and should, insofar as this is possible without creating too much uncertainty about the legal position itself, take these consequences into account when making their decisions". (Coase, 1960)

Los contratos de arrendamiento parecen regirse por un principio estricto de propiedad: si el arrendatario no paga debe abandonar el cuarto o la casa inmediatamente. No hay mucha flexibilidad y las renegociaciones son poco usuales. Pocos arrendatarios se resisten al desalojo (Cravino, 2006, p. 206).

Resolución de disputas

Hasta este punto, los valores y visiones de los habitantes de villas parecen estar más enfocados en los "derechos" que la "eficiencia" como determinante de la resolución de conflictos. Otra fuente para chequear esto proviene de una fuente inesperada para los economistas austríacos: una visión marxista. Boaventura Sousa Santos (1977) llevó adelante una detallada investigación sobre sistemas legales alternativos en los barrios informales de Río de Janeiro[8]. Para investigar un entorno de "pluralismo legal", Santos presenta como modelo al barrio que él designa como Pasagarda, el nombre de la antigua capital persa.

Pasagarda es una de las favelas más grandes y antiguas de Río de janeiro. Fue iniciada alrededor de 1932, tenía una población de 18.000 en 1950 y de 50.000 a fines de los años 70. Se divide en dos partes: una en el morro y la otra abajo en el valle donde corre un rio contaminado y se ubican las viviendas más precarias. La mayoría de las casas están sobre el morro. Las calles, como en muchos otros asentamientos informales, son estrechas y barrosas con canaletas cloacales corriendo entre ellas. Las casas son hechas principalmente de ladrillo y cemento con electricidad y agua corriente, y las que no la obtienen de canillas públicas o vecinos.

Existen varias fábricas en los alrededores donde muchos habitantes trabajan, otros son emprendedores, empleados públicos, trabajadores municipales o cuentapropistas. Hay una intensa vida social que se canaliza a través de clubes recreativos, equipos de fútbol, iglesias, la comisión de electricidad y una organización de residentes. Ésta es

---

[8] "Guided by a Marxian theory of society and of law in society, the systematic comparison of the different types of legal pluralism will establish the possible relations between official and unofficial law (vertical or horizontal, integration or confrontation, etc.)." (Sousa Santos, 1977, p. 10).

claramente una de las organizaciones informales que describen de Soto et al en los barrios informales de Perú. La asociación tiene una comisión directiva elegida con un presidente, y los miembros pagan una cuota mensual.

La asociación, particularmente su presidente y tesorero, ambos funcionarios rentados y con dedicación completa, ratifica los contratos que realizan ante ellos, especialmente los de venta de viviendas, para lo que demandan una prueba de posesión, e incluso redactan el texto según los términos acordados. Se lee el contrato y lo firman las dos partes y dos testigos, sellado con el sello de la asociación, una copia se mantiene en archivo. Los contratos ratificados por la asociación de residentes son muy similares a los del mundo formal, pero como la tierra formalmente pertenece al estado, cuando se vende una vivienda se la llama "benfeitoría" o mejoras sobre la tierra. Un ejemplo presentado por Sousa Santos (1977, p. 51), es el siguiente:

Yo, EL [identificación completa], declaro que he vendido al Sr. OM [identificación completa] una benfeitoría de mi propiedad en [ubicación]. Él pagó [cantidad] como anticipo y el resto del precio será pagado con ocho pagarés comenzando [fecha]. En caso que el Sr. OM no pague durante tres meses este documento será declarado inválido. Este acuerdo es libre y legal y la propiedad está libre de cargas y gravámenes. La tierra no entra en la transacción porque pertenece al estado.

Este contrato será firmado por las partes y por dos testigos en dos copias, una de las cuales mantendrá la Asociación por cualquier circunstancia que pueda surgir.

Fecha:

Firma:

Testigos:

Otros incluyen la venta de un cuarto dentro de una casa y el derecho de "tanteo" (la capacidad de una persona de exigir a otra, con relación a la compraventa de ese bien, que se lo venda por el precio que ya tenía acordado con un tercero) en caso que los dueños quieran vender; la venta de una casa con la obligación del comprador construir una pared; la donación de una casa; la venta de una casa por un analfabeto y su hijo como testigo pero confirmando la aceptación por parte del legítimo heredero; el requisito del consentimiento legal de la esposa. Los procedimientos formales son muy importantes, el presidente requiere prueba de la propiedad y en caso de que se haya perdido el testimonio de testigos.

Con relación a los principios aplicados en la resolución de disputas no hacen referencia explícita a cuestiones de eficiencia. Veamos algunos de los casos de Sousa Santos (1977, p. 61):

El Sr. GM viene a la AR con el Sr. MT y explica su problema al presidente.

Sr. GM: Usted sabe que poseo una benfeitoria en [ubicación]. Quiero venderla al Sr. MT pero el problema es que no puedo obtener el consentimiento de mi esposa. Se fue de la casa hace nueve meses y nunca regresó.

PRESIDENTE: ¿Dónde está ella ahora?

Sr.GM: No sé. En realidad no creo que su consentimiento sea muy importante en este caso porque, después de todo, la casa fue construida con mi esfuerzo. Además, no hay documentos sobre la compra de los materiales que ella haya firmado.

PRESIDENTE (silencio, luego): Bueno, sé que es una persona honesta y que su esposa se ha comportado muy mal. (Silencio) ¿Cuánto tiempo hace que se ha ido?

Sr. GM: Nueve meses

PRESIDENTE: No es, en verdad, mucho tiempo. (Silencio). Creo que su hijo mayor debería manifestar su acuerdo sobre la venta de la benfeitoria y firmar los documentos como un tercer testigo.

Sr. GM y Sr. MT: Estamos de acuerdo

Sr GM a Sr. BT: podríamos redactar el documento ahora mismo....

El documento se redacta entonces de esta forma:

Yo, Sr. GM [identificación completa], estando separado de mi mujer, quien desapareció sin dar noticias, y viviendo como un buen padre con mis seis hijos, declaro que he vendido una benfeitoria de mi propiedad localizada en [ubicación] al Sr. BT [identificación completa]. Éste pagará inmediatamente [cantidad] y el resto será pagado en base a [cantidad] por mes. Declaramos que como no hay documentos a nombre de mi esposa o míos, vendo esta benfeitoria sin cargas y gravámenes. En verdad fue construida con mis propios esfuerzos. Firmo esta declaración en presencia de dos testigos y en dos copias, una de las cuales queda en la Asociación de Residentes por caso surja cualquier contingencia.

Fecha:

Firmas:

Firmas de tres testigos:

(uno de ellos es el hijo mayor del Sr. GM)

Podría argumentarse que existe una justificación basada en la eficiencia al permitir que se realice la venta ya que el activo sería asignado a un uso más valioso, pero aunque esta sea una consecuencia, no es parte de la argumentación sobre la decisión. Actuar de "buena fe" es el principio fundamental para la decisión siguiente:

El Sr. SB vendió su vivienda al Sr. JQ por Cr$1,000.53. El comprador pagó la mitad del precio inmediatamente y prometió pagar el resto en cuotas. En la fecha acordada realizó el pago de la primera cuota (Cr$50). La segunda cuota de Cr$200 también fue pagada en tiempo. Sin embargo, en lugar de entregar el dinero directamente al vendedor, el Sr. JQ se lo dio a la esposa del vendedor. Ella se quedó con el dinero y lo gastó a su gusto. Además, era infiel a su marido y se había acostado con el hermano del comprador. Cuando conoció esto, el Sr. SB, el vendedor, mató a su mujer y demandó la reposesión de la vivienda. El comprador se quejó diciendo que había pagado debidamente las cuotas y que pagaría las restantes. Había entregado la segunda cuota a la mujer creyendo que se la entregaría al marido.

Se llamó a la Asociación a la hermana del vendedor para representar a su hermano que no podía presentarse porque estaba siendo buscado por la policía. El presidente dijo que no sería justo revocar la venta ya que el comprador había actuado todo el tiempo con buena fe. Por otro lado, el vendedor no debería ser dañado porque el comprador no le haya entregado el dinero directamente; por lo que la cuota en cuestión no debería ser acreditada al balance del precio. El presidente finalmente decidió, y las partes acordaron, que el comprador pagaría el resto en seis cuotas, tres de Cr$100 y tres de Cr$50.

No hay mención de las diferentes valoraciones en relación con la vivienda ni a la asignación hacia un uso más valioso, sino un enfoque "clásico" para la definición y asignación de derechos. Éste está también presente en las instrucciones que dos organizaciones de trabajadores informales[9] (Bonner, 2009) presentan. En cuanto al manejo de conflictos se refiere proponen la "aplicación de las leyes de la

---

[9] Streetnet International con sede en Durban, Sudáfrica; Women in Informal Employment: Globalizing & Organizing (WIEGO), con sede en la Universidad de Harvard.

justicia natural"[10]. Al margen de la discusión entre el positivismo jurídico y el iusnaturalismo, lo interesante aquí es que no apelan a las leyes formales vigentes.

Neglicencia y primer ocupante ("coming to the nuisance")

Se aplican similares consideraciones a las leyes sobre daños, donde se deriva una visión basada en la eficiencia del teorema de Coase en la búsqueda de una definición más precisa, en la fórmula de Hand, una evaluación de la carga que tendría el actor contra el grado de daño multiplicado por la probabilidad de su ocurrencia (Rizzo, 1980). Por los mismos argumentos sobre la subjetividad del valor y la imposibilidad del cálculo económico para el planificador/juez, los austríacos han adherido a la doctrina de la responsabilidad objetiva que obvia la necesidad de un análisis de costo/beneficios centralizado. El enfoque basado en la eficiencia no solamente demanda una evaluación de la negligencia del demandante y el demandado sino también, en el caso en que ambos fueran negligentes, una evaluación de quien "hubiera evitado el daño a menor costo".

En este momento parecería obvio señalar que en los barrios informales los accidentes son evaluados en base a lo que realmente ocurrió, no en una especulación acerca de lo "que podría haber ocu-

---

[10] "Los trabajadores informales pueden estar excluidos de la ley laboral, pero tienen derechos como personas y como ciudadanos. La constitución de un país es aplicable a todos los ciudadanos (aunque algunos trabajadores informales pueden estar excluidos de algunas disposiciones, por ejemplo, los trabajadores migrantes). Las leyes de justicia natural e imparcialidad se aplican a los trabajadores informales como a todas las demás personas. Base sus intentos para resolver conflictos en el concepto de justicia natural, a través de procedimientos pacíficos. Use estos como estructura para ayudarlo a desarrollar procesos de resolución de conflictos informales o semi-formales. Use los mismos como guía en los conflictos. Use el concepto cuando argumente su caso para un trato justo y para una gestión adecuada de conflictos colectivos y casos individuales" (p. 5).
"Si la ley laboral no cubre a sus miembros, pero usted tiene una relación de negociación con alguna autoridad o empleador, no existe ningún obstáculo para que usted exija un procedimiento de resolución de disputas. De esta manera usted podría tener un procedimiento de conflicto formal, pero a través de un proceso "privado", en lugar de uno estipulado por la ley. Aplique las leyes de justicia natural (p. 6)".

rrido en dos mundos alternativos y luego comparar los resultados" (Rizzo, 1980, p. 292). La responsabilidad objetiva provee un entorno estable para el agente dañador que lo incentiva a cierto nivel de análisis sobre el cuidado precautorio[11], que podría ser "eficiente" como resultado de la sabiduría acumulada en relación con casos similares. Los agentes causales son usualmente responsables de los tipos de daños previsibles aunque pueden no serlo de todos o de algunas consecuencias imprevisibles. La simpleza de la responsabilidad objetiva en comparación con el principio del que "evita al menor costo" promueve la certidumbre en el orden legal informal y contribuye a una mejor definición de los derechos de propiedad.

El enfoque se repite con la doctrina de *"coming to the nuisance"* o primer ocupante en el derecho de daños (Cordato, 1998). Según ésta el agente causal no debería ser responsable de los efectos de externalidades negativas hacia un recurso que no tiene propietario si llegó primero y/o los efectos no eran cuestionados por el dueño existente. Si la eficiencia requiere la determinación de quien podría haber evitado el daño a menor costo, en este caso requiere saber "quien debería haber llegado primero" para maximizar el producto social total.

Como en el caso anterior, la doctrina sería eficiente de forma diferente, proveyendo un entorno legal que reduce los costos de la incertidumbre. Cordato (1998, p. 289), da el ejemplo de un campesino que construye un galpón para criar cerdos con sus correspondientes olores que se desparraman hacia las propiedades vecinas. Si esas tierras no tienen propietario o si el propietario no se queja por un cierto período de tiempo se asume que el campesino se ha "apro-

---

[11] "In a dynamic world in which the uncertainties of technological change, the ambiguities of foreseeability, and the absence of a unique objective measure of social cost all conspire to make the efficiency paradigm a delusion, the importance of certainty in the legal order is clear. Strict liability obviates or minimizes the need for courts to grapple, if only implicitly, with such impossibly elusive problems as foreseeability, cheaper-cost avoider, social cost, and second best. It provides a series of basically simple, strict presumptions. The *prima facie* case is based on straightforward commonsense causal paradigms, whereas the defenses and later pleas minimize the number of issues which must be considered in a given case... This greater certainty promotes efficiency in the basic institutional sense because property rights, in effect, become more clearly or definitely defined" (Rizzo, 1980, p. 317).

piado" de tal uso. Si luego la propiedad es considerada para ser desarrollada y la doctrina se aplica, los precios reflejarán la existencia de esa "servidumbre" brindando información a los potenciales *"comers to the nuisance"*[12], quienes, en conocimiento de la existencia de la norma tomarían eso en cuenta para evaluar los costos y el precio del proyecto y puede que nunca presenten una demanda. La prevalencia del principio del "primer ocupante" en los barrios informales ha sido ya establecida.

Conclusión

Las villas y favelas son mundos informales donde el estado está ausente en muchos sentidos, por cierto en la prevención y resolución de externalidades negativas. Resulta interesante conocer cómo sus habitantes manejan problemas de esa naturaleza.

Según Coase, en ausencia de o con bajos costos de transacción, estos problemas serán resueltos y el recurso será asignado a su uso más valioso sin importar quién tiene el derecho. En tales casos no son necesarias las soluciones gubernamentales, son suficientes las soluciones voluntarias. Para los austríacos, los "costos" son subjetivos y se conocen solamente como "preferencias reveladas". La vida en los barrios informales muestra que hay muchas instancias en que esas soluciones voluntarias suceden, mostrando que los beneficios subjetivos han de ser mayores que los costos subjetivos.

En el caso de altos costos de transacción una estructura institucional ayudaría a reducirlos y los barrios informales muestran que este papel es cumplido por ciertas organizaciones, representantes o mediadores informales. Estos, no obstante, no siguen una racionali-

---

[12] "Such a rule would send important signals to potential comers to a nuisance. In the example, those considering making use of the adjoining property would do so in full knowledge that the farmer has preceded them and, as such, has certain rights with respect to its use. This knowledge, and the certainty about future rights and obligations that it would generate, would be factored into any decisions that are made with respect to the use of the adjacent land, ex ante. Anyone planning to build a house on the land would do so in full knowledge that they would either have to put up with the odors from the pig farm, incur the costs of insulating themselves from the odors, or negotiate a 'Coasean' type bargain with the farmer" (Cordato, 1998, p. 289).

dad basada en la eficiencia sino en una versión Lockeana clásica sobre derechos y justicia, responsabilidad objetiva y primer ocupante. Por lo tanto, el consejo normativo debe ser tomado con cuidado. ¿Tiene sentido aconsejar a los jueces a que cambien la forma en que resuelven problemas de externalidades negativas cuando ya lo hacen en base a principios que se han utilizado por siglos? En cierta forma, "El Problema del Costo Social" muestra que los jueces no tienen un criterio claramente definido y resuelven a veces en una dirección, otras en otra. Por ejemplo, "Cooke vs Forbes", "Bryant vs Lefever" y "Bass vs Gregory" son todos casos de externalidades negativas en la atmósfera y Coase (1960) intenta mostrar las decisiones diferentes que los jueces toman aunque las circunstancias son similares. Y si no existe un criterio claramente establecido, puede que valga la pena considerar el de la eficiencia.

Sin embargo, "adjudicar" derechos en base a la eficiencia es difícil, sino imposible, y puede ser el resultado de una larga y evolucionada tradición de adjudicar "derechos".

Referencias

Baltrusis, Nelson (2009), "Mercado informal de terras e vivendas in Sao Paulo", *Revista Bitácora Urbano Territorial*, Vol. 15, Núm. 2, julio-diciembre, pp. 55-78.

Block, Walter (1977), "Coase and Demsetz on Private Property Rights", *Journal of Libertarian Studies*, Vol. 1, № 2, 111-115.

Block, Walter (1995), "Ethics, Efficiency, Coasian Property Rights, and Psychic Income: A Reply to Demsetz", *Review of Austrian Economics*, Vol. 8, № 2, 61-125.

Boettke, Peter J. (1997), "Where did Economics go Wrong? Equilibrium as a Flight from Reality", *Critical Review*, Vol 11, № 11, Winter, 11-64.

Bonner, Christine (2009), "Organizando en la Economía Informal: Libros de Referencia para Organizadores", Número 5, StreetNet International y WIEGO.

Chávez Molina, Eduardo (2010), *La construcción social de la confianza en el mercado informal: los feriantes de Francisco Solano*; (Buenos Aires: Nueva Trilce).

Cooter, Robert (2005), "The confluence of justice and efficiency in the economic analysis of law"; en *The origins of law and economics: essays by the founding fathers*; (Cheltenham [u.a.] : Elgar), p. 222-240.

Cordato, Roy (1992) [2007]), *Efficiency and Externalities in an Open-Ended Universe: A Modern Austrian Perspective*, Auburn, Alabama: The Ludwig von Mises Institute; originally published by Kluwer Academic Publishers, 1992.

Cordato, Roy (1998), "Time Passage and the Economics of Coming to the Nuisance: Reassessing the Coasean Perspective", *Campbell Law Review*, 20 Campbell L. Rev.273, Spring.

Coase, Ronald H. (1960), "The Problem of Social Costs", *Journal of Law and Economics*, Vol. 3 (October), 1-44.

Cravino, María Cristina (2006), *Las Villas de la Ciudad: Mercado e Informalidad Urbana*, (Los Polvorines: Universidad Nacional de General Sarmiento).

Cravino, María Cristina (2009), *Vivir en la villa: Relatos, trayectorias y estrategias habitacionales*, (Los Polvorines: Universidad Nacional de General Sarmiento).

Demsetz, Harold (1979), "Ethics and Efficiency in Property Right Systems", in Rizzo, Mario J. (ed.), *Time, Uncertainty and Profit: Exploration of Austrian Themes* (Lexington, Mass: D.C: Heath & Co), 97-116.

De Soto, Hernando (1987) en colaboración con E. Ghersi & M Ghibellini, *El Otro Sendero*, (Buenos Aires: Editorial Sudamericana).

De Soto, Hernando (2002), *El Misterio del Capital. Por qué el capitalismo triunfa en Occidente y fracasa en el resto del mundo*, (Buenos Aires: Editorial Sudamericana).

Galiani, Sebastián & Ernesto Schargrodsky (2005), "Property Rights for the Poor: Effects of land Titling", *Documento de Trabajo* 06/2005, Escuela de Negocios, Universidad Torcuato Di Tella, Buenos Aires.

Gilbert, A.G. (2002), "On the mystery of capital and the myths of Hernando de Soto: What difference does legal title make?", *International Development Planning Review* 26: 1-19.

Hidding Ohlson, Marcos & Martín Krause (2010), "La provisión de bienes públicos en ausencia del Estado: el caso de La Cava": (manuscrito). Available at:
http://works.bepress.com/martin_krause/44/

Mathis, Klaus (2009), *Efficiency Instead of Justice? Searching for the Philosophical Foundations of the Economic Analysis of Law;* Law and Philosophy Library, Volume 84; Springer.

Neuwirth, Robert (2006), *Shadow Cities: A Billion Squatters, a New Urban World,* (New York: Routledge).

Ostuni, Fernando & Jean-Louis van Gelder (2008), "No sé si legal... ¡pero legítimo es!!: Percepciones sobre la seguridad en la tenencia de títulos de propiedad de barrios informales del Gran Buenos Aires", en Cravino, María Cristina (2008), *Los mil barrios (in)formales: Aportes para la construcción de un observatorio del hábitat popular del Área Metropolitana de Buenos Aires,* (Los Polvorines: Universidad Nacional de General Sarmiento).

Posner, Richard (1979); "Utilitarianism, Economics and Legal Theory", *The Journal of Legal Studies,* Vol. 8, No. 1 (Jan., 1979), pp. 103-140.

Rizzo, Mario J. (1980), "Law amid Flux: The Economics of Negligence and Strict Liability in Tort", *The Journal of Legal Studies,* Vol. 9 № 2, 291-318.

Smolka, Martim O. & Claudia M. De Cesare (2010), "Property Tax and Informal Property: The Challenge of Third World Cities", *Lincoln Institute of Land Policy Working Paper,* WP10MS2, Lincoln Institute of Land Policy, Cambridge, Mass.

Sousa Santos, Boaventura (1977), "The Law of the Oppressed: The Construction and Reproduction of Legality in Pasagarda", *Law & Society Review,* Vol. 12, № 1 (Autumn), 55-126.

Stearns, Maxwell L. & Todd J. Zywicki (2009), *Public Choice Concepts and Applications in Law,* American Casebook Series (St. Paul, MN: Thomson Reuters).

Tooley, James N. (1999), *The Global Education Industry: Lessons from Private Education in Developing Countries* (London: Institute of Economic Affairs).

Van Gelder, Jean-Louis (2010), "Tenure Security and Housing Improvement in Buenos Aires, *Land Lines,* Lincoln Institute of Land Policy, Cambridge, Mass.

Venkatesh, Sudhir Alladi (2006), *Off the Books: The Underground Economy of the Urban Poor,* (Cambridge, Mass: Harvard University Press).

Zarazaga, Rodrigo (2010a), "El Jesuita que desde Harvard estudia las redes clientelares", Buenos Aires: *La Nación,* 20/6/2010.

Zarazaga, Rodrigo (2010b), "Entre la ausencia del Estado y la presencia del puntero: racionalidad política en el conurbano bonaerense", presentation at the *Seminar on Informal Towns:* Buenos Aires, 2/11/2010. Available at:

http://ciima.org.ar/2010/11/12/presentaciones-seminario-la-problematica-de-las-villas-en-argentina/

MACHLUP:
UN PUENTE ENTRE MISES Y LAKATOS[1]

Gabriel J. Zanotti

Creo que este artículo representa un excelente homenaje a Alberto Benegas Lynch (h), no necesariamente por su contenido, sino por su circunstancia. Fue escrito gracias a los años de investigación que tuve en el Departamento de Investigaciones de ESEADE en Argentina, en el cual puede estar seis años gracias a Alberto, y cuyo director era Ezequiel Gallo. Fue una época de oro de ESEADE y de sus frutos académicos. La temática de este artículo, por lo demás, me acompañó hasta ahora, pues he actualizado su contenido en el artículo *"Implications of Machlup´s Interpretation of Mises´s Epistemology"* (Gabriel J. Zanotti and Nicolás Cachanosky; *Journal of the History of Economic Thought*, Volume 37, Issue 01, March 2015, pp 111-138.), cuya autoría comparto con Nicolás Cachanosky. Recuerdo como si fuera hoy la reunión del Departamento de Investigaciones donde se debatió la versión borrador de este artículo, donde participaron Juan Carlos Cachanosky, Alberto Benegas Lynch (h), Gustavo Matta y Trejo y Gabriela Mrad.

Introducción

Una de las discusiones más habituales generada por el sistema epistemológico de Ludwig von Mises es hasta qué punto es posible estructurar la ciencia económica *totalmente* a priori como en principio parece sostenerlo el eminente economista austríaco. La aparición en escena de las ideas epistemológicas de Imre Lakatos, en las cuales elementos a priori pueden combinarse con elementos falsables, ha

---

[1] Este ensayo fue escrito en febrero de 1990. A partir de allí se encuentra en un proceso de revisión, aunque manteniendo sus lineamientos generales. Agradecemos los comentarios de Alberto Benegas Lynch (h), Juan Carlos Cachanosky, Maria Gabriela Mrad y Gustavo Matta y Trejo.

generado el interés de los economistas en general[2]. Algunos economistas formados en la Escuela Austríaca también se han mostrado interesados en este punto, sobre todo por la posibilidad que ofrece de establecer una "nueva versión" de la epistemología de Mises más acorde con criterios epistemológicos más modernos. El artículo de Mario Rizzo es clásico en ese sentido[3].

Nosotros querríamos ofrecer una nueva perspectiva de esta cuestión. Últimamente se ha observado, con razón, a nuestro juicio, que la obra epistemológica de Fritz Machlup tiene similitudes importantes con las ideas que años más tarde daría a conocer Lakatos[4]. En ese sentido, es nuestra intención demostrar que la conexión entre Mises y Lakatos, más que hacerla directamente, como lo intentó Rizzo, puede hacerse mejor en la medida en que conectemos a ambos pensadores a través de Machlup. Las ideas de estos tres pensadores, combinadas, ofrecen la posibilidad de vislumbrar un nuevo programa epistemológico de investigación que pueda dar respuesta a importantes interrogantes que la Escuela Austríaca tiene sobre el método de la economía.

Para realizar esta conexión, nuestros pasos serán los siguientes. Primero ofreceremos una breve síntesis de las ideas epistemológicas de los tres pensadores. En esa síntesis será prioritaria la exposición de aquellos aspectos que sean necesarios a los fines de nuestro ensayo. En segundo lugar expondremos de qué modo, a nuestro juicio, pueden conectarse esas ideas. Y, en tercer lugar, sugeriremos de qué modo podrían solucionarse algunos problemas epistemológicos una vez hecha esa conexión.

---

[2] Véase Caldwell, B. , *Beyond Positivism: Economic Methodology in the Twentieth Century*, George Allen and Unwin, 1982. Véase también Cornblit, O. , "Laissez-faire, realidad y modelos económicos", en *Libertas*, N° 1 (1984), Buenos Aires.

[3] Véase su artículo "Mises and Lakatos: A reformulation of Austrian Methodology", en Israel M. Kirzner (comp.), *Method, Process. And Austrian Economics: Essays in Honor of Ludwig von Mises*, Lexington Books, 1982.

[4] Véase al respecto R. Langlois y R. Koppl, "Fritz Machlup and Marginalism: a Re-evaluation", Connecticut University y Auburn University; tercer borrador (octubre de1987). Véase también la obra de Lakatos, I. , *La metodología de los programas de investigación científica*, Alianza Editorial, Madrid, 1983.

Principales ideas de Mises, Lakatos y Machlup

1. Ludwig von Mises

Mises mantuvo a lo largo de su vida una misma posición epistemológica, que fue expuesta sobre todo en cuatro de sus libros: *Epistemological Problems of Economics*, 1933[5]; *Human Action*, 1949[6]; *Theory and History*, 1957[7]; y *The Ultimate Foundation of Economic Science*, 1962[8]. En primer lugar, Mises sostiene un dualismo metodológico muy pronunciado. Las ciencias naturales y sociales tienen objeto y método distintos. En las ciencias naturales no hay acción humana, sino reacción, sin conciencia ni libre albedrío. En cambio, las ciencias sociales estudian la acción humana, que es acción deliberada, consciente y libre por definición[9]. Estas ciencias de la acción humana se dividen en dos grandes ramas: praxeología e historia[10]. La historia estudia acciones humanas específicas en tiempo y lugar, utilizando como método la "comprensión"[11]. La praxeología, en cambio, estudia la acción humana en general, desde el punto de vista de sus implicaciones formales. Su método es la "concepción" o pensamiento conceptual y deductivo. Esto significa lo siguiente: la captación interna, a modo de introspección, de nuestro actuar, nos brinda la "categoría a priori" de lo que es la acción humana, como intento deliberado de pasar de una situación menos satisfactoria a otra que lo es más (axioma central). Esta categoría, junto con la lógica, es a priori de toda experiencia de tipo empírico, experimental o no. Este es el aspecto kantiano del pensamiento misiano. Es la base gnoseológica para fundamentar que el conocimiento de la acción humana es conocimiento cierto y verdadero[12]. Ahora bien, a partir de esa categoría central de acción humana comienzan a desprenderse deducti-

---

[5] New York University Press, New York y Londres, 1981.

[6] Henry Regnery Company, Chicago, 1963.

[7] Arlington House, New Rochelle, N.Y., 1969.

[8] Sheed Andrews and Mcmeel, Inc., 1978.

[9] Véase *La acción humana*, Sopena, Madrid, 1968, cap. I, p. 37.

[10] Ídem, cap. II, p.57.

[11] Ídem, cap. II, punto 8, p. 81.

[12] Ídem, caps. I y II. Véase también, *The Ultimate Foundation...*, cap. 1.

vamente sus consecuencias (esto es, sus "implicaciones formales").

Del hecho de que el hombre, al actuar, disponga los fines de su conducta de modo prioritario y disponga los medios en función de esos fines, comienzan a deducirse ciertas implicaciones, ínsitas a toda conducta humana, como valor subjetivo, ganancia, pérdida, costo, interés originario, etcétera, que no designan elementos "materiales" de la acción humana, sino "categorías a priori de la acción" conocidas deductivamente a partir del axioma central e independientes de toda experiencia empírica. La praxeología se presenta así como la ciencia que estudia la acción humana desde el punto de vista de las implicaciones formales de la descripción de acción (el axioma central). Su método, como vemos, es deductivo. Es un sistema axiomático deductivo: no se parte de una hipótesis sino de una verdad conocida a priori con certeza, a partir de la cual se deducen las leyes o teoremas praxeológicos. Ahora bien: la praxeología da origen a un ámbito más restringido (que es *una parte* de la praxeología, según Mises): la economía en el sentido de "cataláctica"[13], esto es, la aplicación de esas categorías praxeológicas a un ámbito más restringido de la acción humana, como es el intercambio de bienes y servicios que se expresa en precios monetarios. Ese análisis cataláctico es propiamente la economía política. Y el método sigue siendo deductivo, porque sus axiomas son ahora las categorías praxeológicas, aplicadas a los fenómenos de mercado. Las leyes económicas son deductivas puesto que son efectos inferidos deductivamente a partir de causas que, a su vez, no son hipótesis a testear sino categorías conocidas a priori con certeza (por ejemplo, al deducir la teoría monetaria a partir de la teoría del valor aplicada al bien que llamamos moneda). El testeo empírico, por otra parte, no sólo es innecesario según Mises, sino también imposible, dado que las ciencias sociales se manejan con fenómenos complejos[14].

Esto plantea dos cuestiones: una gnoseológica y otra más metodológica. La primera es hasta qué punto las "categorías a priori de la acción" se fundamentan necesariamente en un sistema kantiano.

---

[13] Ídem, cap. XIV, p. 303.

[14] Ídem, cap. II. Véase también Cachanosky, J. C., "La naturaleza apriorística de la ciencia económica", en *Liberalismo y sociedad; ensayos en honor de Alberto Benegas Lynch*, Macchi, Buenos Aires, 1984.

Algunos opinan que esos "puntos de partida" (para denominarlos de un modo más neutral) pueden fundarse en otros sistemas gnoseológicos. Rothbard, por ejemplo, los funda en el realismo aristotélico[15]. Pero, independientemente de esta cuestión, esto es, sea cual fuere el fundamento del axioma, el punto (y segunda cuestión) es que, a partir de ese axioma, los razonamientos siguientes son deductivos, lo cual explica la no-utilización de ningún tipo de testeo empírico para las leyes praxeológicas.

Mises en ningún momento pensó que su metodología apriorística lo alejara de la realidad. En primer lugar, Porque:

[...] Since the a priori categories emanating from the logical structures of the human mind have enabled man to develop theories the practical application of which has aided him in his endeavors to hold his own in the struggle for survival and to attain various ends that he wanted to attain, these categories provide some information about the reality of the universe (I)[16].

En segundo lugar, porque la experiencia tiene el importante papel de decirnos qué camino tomar en la deducción de leyes económicas que sean relevantes para nuestro mundo. Vamos a prestar atención a este detalle a veces inadvertido de la metodología misiana, pues es la parte de la epistemología de Mises donde de algún modo hay incorporación de elementos empíricos. "[...] Pero lo que la ciencia pretende -dice en *La acción humana*- es percatarse de la realidad." "[...] De ahí que la praxeología restrinja su estudio al análisis de la acción tal y como aparece bajo *condiciones y presupuestos* del mundo de la realidad"[17]. Agrega más abajo:

[...] Sin embargo, esta alusión a la realidad experimental en modo alguno afecta el carácter apriorístico de la praxeología y de la economía.

---

[15] Véase su artículo "Praxeology: The Methodology of Austrian Economics", en *The Foundations of Modern Austrian Economics*, Institute for Humane Studies, 1976. En nuestra tesis de doctorado *Fundamentos filosóficos y epistemológicos de la praxeología*, hemos desarrollado en detalle la fundamentación de la praxeología en Santo Tomás de Aquino.

[16] Véase *The Ultimate...*, p. 16.

[17] Véase *La acción humana*, p. 98. Las cursivas son nuestras.

Nuestros conocimientos experimentales vienen simplemente a indicarnos cuáles son los problemas que conviene examinar y cuáles procede desatender[18].

Expone una vez más, más abajo, la misma aclaración: "[...], El que la praxeología, al pretender captar la realidad, limite su investigación a aquellas cuestiones que en ese sentido, tienen interés, en modo alguno modifica la condición apriorística de su razonar" (p.99). En *Epistemological problems...* hace aclaraciones similares. Primero parece excluir cualquier cuestión de experiencia no a priori en la economía:

[...] what we know about our action under given conditions is derived not from experience, but from reason. What we know about the fundamental categories of action action, economizing, preferring, the relationship of means and ends, and everything else that, together with these, constitutes the system of human action is not derived from experience. We conceive all this from within, just as we conceive logical and mathematical truths, a priori, without reference to any experience (p.)4 (la cursiva es nuestra).

Pero después agrega: "[...] Only experience can teach us whether or not these concepts are applicable to anything in the conditions under which our life must actually be lived" (III). Se podría construir una teoría universal praxeológica que no tenga en cuenta condiciones del mundo real, pero,

[. . .] Because we study science for the sake of real life and, it should be remembered, the desire for pure knowledge for its own sake is also part of life and not as a form of mental gymnastics, we generally do not mind forgoing the gratification that could be offered by a perfect, comprehensive system of the axioms of human action, a system so universal that it would comprise all thinkable categories of the conditions of action. Instead, we are satisfied with the less universal system that refers to the conditions given in the world of experience. (IV).

---

[18] Ídem.

Pero aclara inmediatamente: "Nevertheless, this reference in no way changes the aprioristic character of our knowledge" (p.5) (V). Y en *The Ultimate Foundation*... encontramos nuevamente la misma posición. "Praxeology is a priori. It starts from the a priori category of action and develops out of all that it contains. For practical reasons praxeology does not as a rule pay much attention to those problems that are of no use of the study of the reality of man's action, but restricts its work to those problems that are necessary for the elucidation of what is going on in reality. Its intent is to deal with action taking place under conditions that acting man has to face. This does not alter the purely aprioristic character of praxeology. It merely circumscribes the field that the individual praxeologists customarily choose for their work" (p.4) (VI).

Como vemos, Mises constantemente aclara que este contacto con la experiencia de ninguna manera elimina el carácter deductivo de la praxeología y la economía, de modo tal que se explica que este aspecto "experimental" de su epistemología no haya tenido demasiada relevancia en la interpretación habitual de la misma, sobre todo si ponemos como ejemplo párrafos como los que siguen: "Para mentalmente aprender cuántos teoremas praxeológicos existen, bástale al interesado con percatarse de la esencia de la acción humana"[19]. "Ningún teorema económico que no esté sólidamente asido a dicha base a través de una inatacable cadena racional resulta científicamente admisible. Todo aserto carente de la repetida ilación ha de estimarse arbitrario, hasta el punto de quedar flotando en el aire sin sustentación alguna. No es posible abordar ningún ámbito económico específico a menos que éste ensamble perfectamente en una teoría general de la acción"[20].

Para concluir con esta breve síntesis, agreguemos que hay en Mises dos tipos de "presupuestos (siguiendo en esto a Larry White)[21]. Un tipo de presupuesto es precisamente ese conjunto de condiciones del mundo real que nos dicen qué camino es relevante en la deducción praxeológica. Los ejemplos favoritos de Mises al respecto

---

[19] *La acción humana*, p. 97

[20] ídem, p. 102

[21] Véase *The Methodology al the Austrian School of Economics*, Ludwig von Mises, Institute of Auburn University, Auburn, Alabama, 1984.

son la efectiva presencia de cambio indirecto para la deducción de la teoría monetaria y la fatiga del trabajo en la deducción de las leyes del mercado laboral[22]. Podríamos citar otros presupuestos utilizados en la teoría del ciclo, pero eso excedería los fines de este trabajo[23]. El otro tipo de presupuesto está constituido por el conjunto de construcciones imaginarias. Estas no son ni categorías a priori de la acción ni condiciones del mundo real, sino construcciones hipotéticas necesarias para la deducción praxeológica. Por ejemplo, la construcción imaginaria del estado final de reposo, para deducir hacia que situación tiende el proceso del mercado, sin alcanzarla nunca[24], o la economía de giro uniforme, para establecer un ceteris paribus y suponer constantes determinados factores para deducir el efecto del cambio en sólo uno de ellos[25]. Ahora bien: hay una construcción imaginaria sumamente especial, que Mises utiliza especialmente, que es la construcción imaginaria de la economía pura de mercado. Esta es especialmente interesante a los fines de nuestro trabajo porque en ella Mises establece los presupuestos *institucionales* necesarios para el funcionamiento de una economía de mercado inadulterada. Volveremos a esta cuestión más adelante.

Podemos establecer, pues, como conclusión general, que la interpretación corriente de la epistemología de Mises implica una ciencia económica totalmente a priori, deducida a partir de las categorías de la acción aplicadas a los fenómenos de mercado. Hemos visto las razones para esta interpretación habitual. Ahora bien: pocos han seguido estrictamente estas ideas misianas en el análisis económico[26]. Ello se debe no a que este esquema esté a priori equivocado, sino a que su intento de seguirlo fielmente choca en principio con los siguientes problemas: a) en qué medida la tendencia al equilibrio del proceso de mercado puede deducirse praxeológicamente o necesita

---

[22] Véase *Human Action*, cap. II, punto 3.
[23] Ídem, caps. XX y XXXI.
[24] Ídem, cap. XIV, punto 5.
[25] Ídem.
[26] Que "pocos lo hayan hecho" no es, de ningún modo, un factor en contra. En nuestra opinión, quien más estrictamente sigue la metodología misiana es Cachanosky, J. C., op cit. Véase también su artículo "La ciencia económica vs. la economía matemática", en Libertas, Nos. 3 y 4 (1985/86), Buenos Aires.

algún tipo de presupuesto empírico; b) cuál es la ubicación metodológica de las "condiciones del mundo real (que Rothbard y otros llaman "axiomas subsidiarios") en un esquema totalmente a priori; cl dejando de lado los importantes problemas filosóficos que plantea la dilucidación de la naturaleza lógica y gnoseológica del axioma central praxeológico[27], queda sin embargo el tema de en qué medida ese axioma central se relaciona o no con la hipótesis de maximización de beneficio monetario, y, además, cómo se ubica ésta, de ser utilizada, en el sistema totalmente a priori. No es la intención de este trabajo ofrecer un raconto histórico de las principales respuestas que se han dado a estos problemas, sino replantearlos al final de nuestro ensayo, a la luz de la conexión de Mises y Lakatos a través de Machlup.

2. Imre Lakatos

"La filosofía de la ciencia sin la historia de la ciencia es vacía; la historia de la ciencia sin la filosofía de la ciencia es ciega."[28] Esta frase de Lakatos, parafraseada de Kant, resume sus ideas epistemológicas. En efecto, Lakatos intenta salvar la oposición planteada entre una filosofía dela ciencia prescriptiva y una historia de las ciencias descriptiva. La primera (cuyo representante principal sería Popper) intentaría prescribir lo que los científicos deben hacer, independientemente de lo que efectivamente hagan. La segunda se concentraría, en cambio, en describir qué es lo que de hecho hacen los científicos, negando la posibilidad de una filosofía de las ciencias que les diga lo que deben hacer. El representante de esta posición es T. Kuhn[29]. Lakatos intenta superar esta aparente dialéctica, elaborando una filosofía de la ciencia que hunda sus raíces en la práctica habitual de los científicos, descubriendo en ella una a veces escondida racionalidad metodológica y no un cambio irracional de convicciones.

Para ello, Lakatos elabora lo que llama la metodología de los programas de investigación científica[30]. Vamos a hacer un breve resu-

---

[27] Tratamos en detalle ese tema en nuestra tesis citada.

[28] Véase su libro *Historia de la ciencia*, Tecnos, Madrid, 1962.

[29] Véase Kuhn, T. S., *La estructura de las revoluciones científica*, F. C. E., México, 1971.

[30] Véase la obra homónima, op.cit.

men. Comienza aclarando Lakatos que la ciencia no se plantea por hipótesis o teorías que estén aisladas, sino por un conjunto de hipótesis y teorías entrelazadas, que cubren una gama de problemas y cuestiones. Ese conjunto se denomina *programa de investigación*. (Por ejemplo, toda la genética contemporánea sería un programa de investigación de la biología.)

Ahora bien, uno de los problemas típicos de la filosofía de la ciencia es el tema de las anomalías. Según Popper, una afirmación, para ser científica, debe ser enunciada de modo tal quesea posible contradecirla empíricamente. (Esto es, debe ser falsable). Cuando una hipótesis ha sido efectivamente contradicha por la experiencia, se dice que ha sido falsada. Ahora bien, el clásico problema es que la práctica habitual de los científicos muestra que éstos no abandonan inmediatamente una teoría por el hecho de que sea falsada, esto es, por el hecho de que se enfrenten con elementos empíricos que constituyen una "anomalía" para lo que la teoría establece. Éste fue uno de los puntos más enfatizados por Kuhn, para demostrar el conflicto entre la filosofía de la ciencia falsacionista y la historia de las ciencias. Pero Lakatos introduce este elemento desde el principio en su sistema. En efecto, afirma que todo programa de investigación cuenta con un "núcleo central" o "núcleo firme" (hard core) en el cual los científicos establecen, por convención, un conjunto de hipótesis no falsables, esto es, no sometidas a falsación. No porque necesariamente sean no falsables en sí mismas, sino porque por decisión del o los científicos no serán sometidas a un testeo empírico potencialmente falsador. Ahora bien, ese núcleo central puede enfrentarse desde el principio con anomalías. Para proteger al núcleo central de las anomalías que vayan surgiendo, el programa cuenta con un segundo elemento muy importante: el "cinturón protector" de hipótesis ad hoc. Esto es, un conjunto de hipótesis que explica la anomalía con la que se enfrenta el núcleo central, de tal modo que se lo protege. Ese conjunto de hipótesis ad hoc *es falsable*. Ahora bien: si de ese cinturón protector es posible establecer una serie de predicciones de determinados hechos nuevos, el programa es entonces *teoréticamente progresivo*; de lo contrario, es teoréticamente regresivo, Si esas predicciones son corroboradas, esto es, no contradichas (no falsadas) por la experiencia empírica, entonces el programa es *empíricamente progresivo.* Si las predicciones son falsadas, entonces el programa es *regresivo.*

Que el programa de investigación esté abierto o no a este proceso de "macrocorroboración" (el término es nuestro) es lo que permite distinguir entre la ciencia y la no ciencia. Lo que especifica la actitud científica es justamente el estar abierto a la posibilidad de que el propio programa sea regresivo, y experimentar constantemente tratando de ver si lo es o no. Lakatos coloca un ejemplo de programa de investigación progresivo en el sistema de Newton.

> [. . .] La ciencia newtoniana, por ejemplo, no es sólo un conjunto de cuatro conjeturas (las tres leyes de la mecánica y la ley de gravitación). Esas cuatro leyes sólo constituyen el 'núcleo firme' del programa newtoniano. Pero este núcleo firme está tenazmente protegido contra las refutaciones mediante un gran 'cinturón protector' de hipótesis auxiliares[31].

Más adelante ejemplifica cómo este programa predijo hechos nuevos que fueron corroborados:

> [. . .] todos los programas de investigación que admiro tienen una característica común. Todos ellos predicen hechos nuevos, hechos que ni siquiera habían sido soñados o que incluso habían sido contradichos por programas previos rivales. En 1686, cuanto Newton publicó su teoría de la gravitación, había, por ejemplo, dos teorías en circulación relativas a los cometas. La más popular consideraba a los cometas como señal de un Dios irritado que advertía que iba a golpear y a ocasionar un desastre. Una teoría poco conocida de Kepler defendía que los cometas eran cuerpos celestiales que se movían en líneas rectas. Ahora bien, según la teoría de Newton, algunos de ellos se movían en hipérbolas y parábolas y nunca regresaban; otros se movían en elipses ordinarias. Halley, que trabajaba en el programa de Newton, calculó, sobre la base de observar un tramo reducido de la trayectoria de un cometa, que regresaría setenta y dos años después; calculó con una precisión de minutos cuándo se lo volvería Revista a ver en un punto definido del cielo. Esto era increíble. Pero setenta y dos años más tarde, cuando ya Newton y

---

[31] Véase op. cit., p. 13.

Halley habían muerto tiempo atrás, el cometa Halley volvió exactamente como Halley había predicho.

Como vemos, en el ejemplo se advierte claramente el "hecho nuevo" predicho y corroborado posteriormente. No creamos que Lakatos utiliza sólo ejemplos de ciencias naturales: es monista metodológico, y por ende aplica su metodología también a ciencias sociales. Como ejemplo de programa de investigación regresivo, coloca al marxismo:

[. . .] en los programas regresivos las teorías son fabricadas sólo para acomodar los hechos ya conocidos. Por ejemplo: ¿alguna vez ha predicho el marxismo con éxito algún hecho nuevo? Nunca. Tiene algunas famosas predicciones que no se cumplieron[32].

No entra dentro de los fines de este trabajo un análisis crítico de los problemas gnoseológicos y metodológicos que el programa de Lakatos plantea. Lo que ahora queremos destacar es que, como se pudo observar, una de sus características más sobresalientes es la conjunción de elementos no falsables con elementos falsables, ubicados estos últimos en el cinturón protector. Esto es sumamente importante, dado que permite ubicar en reglas metodológicas claras a elementos que, por x razones, no pueden ser directamente testeados, ni siquiera indirectamente nos referimos al intento de testear empíricamente sus consecuencias, sino que solamente pueden ser sometidos a testeo empírico una vez que se produce la"macrocorroboración" de *todo el programa de investigación* del modo ya explicado. De ese modo, el "núcleo central" puede ser abandonado, pero sólo después de que el científico decide que ya se ha enfrentado con suficientes falsaciones de sus predicciones que convierten a su programa en regresivo. Este detalle es importante, pues, como veremos, años atrás Machlup habla establecido una noción sumamente similar de testeo indirecto. Por lo pronto, se habrá advertido claramente la oportunidad que el sistema de Lakatos ofrece en cuanto a la conexión de elementos a priori len el núcleo central con elementos "em-

---

[32] Ídem, p.15.

píricos" (el cinturón protector y el proceso de corroboración ido falsación).

3. Fritz Machlup

La obra epistemológica de Fritz Machlup es muy extensa e importante. A nuestro modo de ver, hay dos temas que sobresalen en todo el conjunto de sus escritos al respecto: su noción sobre cómo funciona globalmente el sistema de la economía, ligado ello a su noción de testeo indirecto, y su concepción sobre las *fundamental assumptions* de la economía, ligado ello a la noción de *ideal type* que toma principalmente de A. Schutz. El primero es un aspecto más metodológico, mientras que el segundo es más gnoseológico (esto es, lo primero corresponde más a teoría de las ciencias, y lo segundo a la teoría del conocimiento en general. A efectos de este trabajo nos concentraremos en lo primero, aunque haremos las necesarias referencias alo segundo.

El artículo donde más claramente aparecen sus ideas metodológicas con respecto a la economía es *The Problem of Verification in Economics* (1955), que se continúa con su respuesta a Hutchison (*Rejoinder to a Reluctant Ultraempiricist*). Los ensayos más significativos con respecto al segundo aspecto de su obra son, a nuestro modo e ver, *The Ideal type: A Bad Name for a Good Construct*, y *Ideal type, Reality, and Construction*. Todos estos ensayos pueden encontrarse en el libro *Methodology of Economics and Other Social Sciences*[33], donde Machlup compila y explica la mayor parte de su obra epistemológica.

El origen de las ideas de Machlup en esta cuestión se encuentra justamente en su intento de "mediación" entre los "ultraaprioristas" y los "ultraempiristas" en teoría económica. Hace una caracterización "amplia" de la posición a priori, describiéndola como la posición que niega la posibilidad de testeo directo de los supuestos básicos o *fundamental assumptions* (f.a.) de la economía[34]. Los ultraempiristas se caracterizarían por lo contrario.

---

[33] Academic Press, N. Y. , San Francisco, Londres, 1978.
[34] Véase "The Problem of Verification. . . ", en op. cit.

Ahora bien: Machlup acepta plenamente que las f. a. cuyos fundamentos gnoseológicos veremos después no son testeables, ni directa ni indirectamente, en tanto que por "testeo empírico" se entienda el testeo de la(s) consecuencia(s) deducida(s) *aisladamente* de una de las "f.a." (entre éstas, Machlup coloca:). La conducta racional. 2. El aprovechar la mayoría de las oportunidades. 3. La capacidad de establecer en orden sus preferencias, y, además, 4. La "maximization hypothesis"). Pero entonces Machlup aclara de qué modo incorpora el aspecto "empírico" en su sistema, a través de otra noción de "testeo indirecto" (esto se destaca principalmente en su debate con Hutchison) Para entender esto último, veamos cómo establece Machlup su modelo de "aparato analítico" de la economía. Esto es un modelo que explica cómo funciona globalmente la teoría económica. Los elementos que fijan el modelo y le dan forma son las f. a. A su vez, hay un elemento que entra (*assumed change* -a.c.-) y otro que "sale" (*deduced change* -d.c.-). Entre estos dos elementos hay una serie de "condiciones" (assumed condítions -a.c.-) que son empíricas y se toman del mundo real. Estas condiciones son de tres tipos. Las primeras (A) son habitualmente comunes, pero su posible cambio puede alterar el resultado del modelo (como tipos de bienes, tipo de mercado, elasticidad de demanda u oferta, etcétera). Las segundas (B) son breves en tiempo pero influyen sobre el resultado definitivamente (son las condiciones de política económica: la política fiscal, crediticia, etcétera). Y la tercera (C) se refiere a los presupuestos culturales o institucionales, que pueden cambiar según el país y son habitualmente de duración más larga (sistema de propiedad existente; sistema monetario, etcétera). Pues bien: suponiendo, entonces, la introducción de un *assumed change*, y agregando como elementos de deducción a las f.a. y a las assumed conditions, se deduce el *deduced change*, el cual, como vemos, surge de la *aplicación* del cuerpo fundamental de teoría económica (fa), (que sería lo a priori) a determinadas condiciones del mundo real (que serían "empíricas"). Y, en caso de que el *deduced change* sea repetidamente disconfirmado por la experiencia, sólo en ese caso las f. a. serían pues "testeadas"; pero, como vemos, lo son en la operatoria global de todo el sistema. O sea que sólo se "testean" indirectamente las f.a. en caso de que el sistema en su totalidad resulte disconfirmado, cuando el

54

deduced change es disconfirmado. Esto es importante pues de este modo resuelve Machlup el problema del presupuesto de maximización de beneficio monetario, que él ubica en las f.a., y que sólo se testea indirectamente de ese modo[35].

La similitud con Lakatos, a nuestro juicio, es fácilmente observable. Las f. a. corresponden al núcleo central. Las a.c., a las hipótesis ad hoc (que en este caso serían más bien auxiliares), de tipo falsable. El d.c. corresponde al "hecho nuevo" que se predice. Y el hecho de que las f. a. sean confirmadas o disconfirmadas en la medida en que la experiencia corrobore o no el *deduced change*, adelanta la noción de que el programa es empíricamente progresivo o no en la medida en que los "hechos nuevos" sean corroborados o no por la experiencia. Y recordemos que el núcleo central puede ser abandonado en la medida en que el programa sea regresivo, lo cual es análogo a lo afirmado por Machlup sobre las f. a. en la medida en que no resistan el testeo indirecto de todo el sistema.

En su discusión con Hutchison[36], Machlup expone un ejemplo de su método. Supongamos estas tres a.c.; a) que estén dadas las condiciones tecnológicas para la producción en la industria textil; b) que la oferta de los servicios productivos en esa área sea elástica; c) que haya libertad de entrada a dicha industria. Ahora supongamos el *assumed change*: aumenta la demanda de dichos servicios. Supongamos también que en las f. a. colocamos también a la "conducta maximizadora" de beneficio monetario. En ese caso, el *deduced change* es que aumentará la oferta de bienes y servicios en dicha industria. En caso de que ese d.c. no sea disconfirmado por la experiencia, tenemos testeada a la "f.a." utilizada (la conducta maximizadora). Cabe aclarar *que en ningún momento* Machlup supone que este tipo de testeo confirme o disconfirme algo "necesariamente".

Para comprender bien la importancia capital que tiene esta noción de testeo indirecto en Machlup, destaquemos que dicha noción se va reiterando en varias oportunidades a lo largo de muchas de sus obras, además de los ensayos que estamos utilizando como referencia básica. Veamos algunos ejemplos:

---

[35] Véase "Terence Hutchison's Reluctant Ultra-Empiricism", en op. cit. , p. 493.
[36] Ídem.

The abstract theoretical propositions of science which are integral parts of a theoretical. system have the character of postulates for which no direct empirical proof is sought; only the system as a whole is tested by the correspondence between consequences deduced from the system and the data of experience which it is designed to explain or predict[37] (VII).

One should distinguish between what a British philosopher has recently called 'high level hypotheses' and 'low level generalizations' [cita a Braithwaite]. The former are postulated and can never be directly verified; a single high level hypothesis cannot even be indirectly verified, because from one hypothesis standing alone nothing follows. Only a whole system of hypothesis can be tested by deducing from some set of general postulates and some set of specific assumptions the logical consequences, and comparing these with records of observations regarded as the approximate empirical counterparts of the specific assumptions and specific consequences. [Aquí Machlup cita su ensayo Verification... [This holds for both tire natural and tire social sciences[38] (VIII).

[...] We never deduce a consequence from a theory alone. We always combine the postulated relationships (which constitute the theory) with an assumption of some change or event and then we deduce the consequence of the conjunction of the theoretical relationships and the assumed occurrence[39] (IX).

La última cita que haremos es de 1974, donde Machlup ya incorpora lenguaje lakatosiano, consciente de que se adecua fácilmente a sus propósitos:

As I see, the fact that a model is constructed with a hard core made out of fundamental hypothesis or postulates whereas other models are constructed with hypothesis derived from low level behavioral generalizations on the basis of empirical observations should not. make an essential difference in the application of the models. Any theoretical model in contradistinction to a probabilistic model, no matter how the built in 'assumptions' were obtained, serves to be used in conjunction with some additional proposition usually concerning an event or a

---

[37] Véase "Operational Concepts and Mental Constructs", (1960) en op. cit. , p. 171. La cursiva es nuestra.
[38] Véase "Are the Social Sciences Really Inferior?" (1961), en op. cit. , P. 354.
[39] Véase "Paul Samuelson on Theory and Realism" (1964), en op. cit., p. 481.

change in conditions so that a conclusion can be deduced from the conjunction. Both the additional proposition, which I once designated as the assumed change (cause), and the conclusion, which I called the deduced change (effect), are in the domain of construction but have counterparts in the domain of observation so tbat the correspondence can be tested[40] (X).

Corresponden ahora algunas acotaciones con respecto a la fundamentación gnoseológica que Machlup da a las *fundamental assumptions*. Estas serían "tipos ideales", según la caracterización de las mismas hecha por Schutz[41]. Esos tipos ideales corresponderían a esquemas o modelos de conducta especialmente construidos por el investigador social, cuyos roles están asignados según sus propósitos (los propósitos del investigador)[42]. Estos modelos de conducta tienen además dos características adicionales que debemos destacar: en primer lugar, el investigador los constituye utilizando un acto de *understanding* o comprensión de las valoraciones que motivan la conducta de esos modelos[43]. Machlup insiste varias veces en que éste es uno de los pocos aspectos en los cuales las ciencias sociales y naturales se distinguen netamente. Y, en segundo lugar, estos tipos ideales tienen un componente no realista muy significativo y, podríamos decir, definitorio[44]. Esto se observa sobre todo cuando Machlup compara estos tipos ideales con las "leyes exactas" de Menger, en contraposición con los "real types" que corresponderían a las 'leyes empíricas" de Menger, y recordemos que, en este último, según su libro *Investigations....*[45], las "leyes exactas" corresponden a un nivel hipotético, que no es ya fruto de una abstracción realista, de tipo

---

[40] Véase "Spiro Latsis on Situational Determinism" (1974), en op. cit. , p. 530.

[41] Véase Schutz, A. , *On Phenomenology and Social Relations*, University of Chicago Press, 1970, cap. VI.

[42] Véase Machlup, "Methodology...", parte 4.

[43] Véase " Are the Social Sciences...?", op. cit., p.352. La "comprensión" alude al método de las ciencias sociales que, en líneas muy generales, consiste en colocarse en el lugar de la persona que se está estudiando para así poder entender e interpretar las motivaciones y juicios de valor de su conducta.

[44] Véase "Methodology...", op. cit., pp.173 y 230.

[45] Véase *Investigations in to the Method of the Social Sciences with Special Reference to Economics,* New York University Press, 198ñ. 42 Unión Editorial, Madrid, 1985.

aristotélico, como parecía serlo en su otra gran obra Principios de economía[46]. Esto no implica que estos tipos ideales sean "completamente" alejados de la realidad, sino que toman una o varias características de la conducta humana que en la realidad se encuentran mezcladas con otras; se las coloca aisladas y se conforma con ellas un modelo de conducta que no corresponde ya, entonces, a la conducta concreta de un ser humano realmente existente. La fertilidad o no de tal tipo ideal será a posteriori del proceso de testeo indirecto que ya hemos visto.

El caso del "homooeconomicus", que maximiza beneficio monetario, es un ejemplo típico de esto para Machlup[47]. No es extraño que, según esto, Machlup no haya tenido mayores desacuerdos con el ensayo de Friedman sobre la metodología de la economía[48], el cual quedó caracterizado como la posición que afirma que el no- realismo de los supuestos de la teoría económica es irrelevante. Pero ya hemos visto que el fundamento gnoseológico de esos supuestos es en Machlup más elaborado porque, como vimos, se basa en Schutz, quien se basa a su vez en Weber y en Husserl. Y justamente la no-consideración de este aspecto (el *understanding* que está presente en el tipo idea) es lo único que Machlup le reprocha a Friedman[49]. En nuestra opinión, es a través de la influencia de Husserl que podemos encontrar una salida realista a esta opinión de Machlup, en la medida en que reelaboremos, a su vez, la fenomenología de Husserl a través del realismo de Santo Tomás de Aquino, trabajo que ha sido realizado en gran medida por la filósofa Edit Stain, quien fuera discípula de Husserl[50]. Pero la consideración de esto último escapa totalmente a los fines de este ensayo.

Realizada esta síntesis del pensamiento de nuestros tres autores, podemos pasar al núcleo central de nuestro ensayo, donde intentaremos reelaborar la metodología misiana a la luz de lo expuesto.

---

[46] Unión editorial, Madrid, 1986.

[47] Véase su artículo "Homo Oeconomicus and his Classmates", en op. cit. , p. 267.

[48] Véase "The Problem of Verification. . . ", en op. cit. , p. 153, nota 42.

[49] Ídem.

[50] Véase al respecto Stein, Edit, "La fenomenología de Husserl y la filosofía de Santo Tomás de Aquino: un intento de confrontación"; traducción inédita al castellano por Fr. Andrés Bejas, o.p.

Nuestro intento de reelaboración de la metodología misiona

Dos importantes advertencias queremos hacer antes de comenzar nuestro "intento". Primero, *vamos a tomar de Machlup y de Lakatos lo exclusivamente necesario a fines de nuestra reelaboración y vamos a "dejar" de Mises también lo exclusivamente necesario para dichos fines. Esto implica que escapa a los fines de este trabajo un análisis critico del pensamiento de Lakatos y Machlup.* Por supuesto, algo de eso se podrá advertir implícitamente, pero de ningún modo nos concentraremos en esa cuestión. En segundo lugar, se trata, como se puede advertir, de una reelaboración de la metodología de Mises, y no de las de Lakatos o Machlup. Esto implica que el resultado final de nuestro intento redundará, si tenemos éxito, en un mejoramiento del "espíritu" de la metodología misiana; de ningún modo en su total transformación. En síntesis: no se trata de una versión misiana de Lakatos o Machlup, sino al revés: de una versión de la metodología de Mises "mejorada" (si lo logramos) con aportes de esos dos autores.

Por supuesto, alguien podría decir que, en la medida en que incorporemos aunque sea un mínimo de algún tipo de testeo empírico a la metodología de Mises, eso es ya esencialmente distinto de lo que pretendía el gran economista austríaco. Puede ser, y la respuesta a ese interrogante es un problema de historia de las ideas y de interpretación de textos, en relación con la pregunta sobre *qué quiso decir verdaderamente Mises en algunas de sus expresiones.* Pero no es ésa nuestra principal preocupación, sino encontrar nuevas perspectivas epistemológicas que se acerquen a la verdad.

Incorporación de elementos de Machlup

Recordemos que en Machlup, su "aparato analítico" se componía de *fundamental assumptions* (f.a), assumed conditions (a.c), *assumed change* (a.c) y *deduced change*(d.c.) Si ahora intentamos un traslado de dichas categorías al esquema de Mises, el resultado sería el siguiente:

a) Las f.a. se encuentran en la praxeología, entendida como la ciencia que estudia la acción humana desde el punto de vista de las implicaciones formales de la descripción de acción. La praxeología se convierte así en un sistema axiomático deductivo en sentido amplio, cuyo axioma es la descripción de acción (la acción humana implica el intento deliberado de pasar de una situación menos satisfactoria a otra más satisfactoria) y cuyos teoremas, en principio, serían los siguientes: 1. Los medios empleados para la satisfacción de las carencias son escasos. 2. Toda acción implica un estado de valoración, esto es, un acto de elección entre "a" y "b" (se agrega aquí la incertidumbre inherente a toda acción humana). 3. La ganancia es la diferencia positiva entre la situación lograda y la situación abandonada. 4. Toda acción humana implica la satisfacción de las necesidades prioritarias utilizando los medios que mejor conduzcan al fin. 5. El acto de valoración es subjetivo. 6. En el proceso de satisfacción de las necesidades, la acción humana se enfrenta con los siguientes bienes: de consumo y de producción, divididos estos últimos en producidos y originarios. 7. Los factores de producción son valuados debido a su utilidad para producir otros bienes de producción. 8. Toda acción "transeúnte" (aquella cuyo resultado cae fuera del agente mismo) implica más de un factor de producción. 9. El valor otorgado a las unidades de un bien formado por n unidades es mayor que el otorgado a las unidades del mismo bien formado por n +1 unidades y menor que el otorgado a las unidades del mismo bien formado por n1 unidades (ley de utilidad margina). 10. A medida que aumenta la cuantía de unidades de un factor de producción, la productividad marginal de cada unidad tiene a descender. 11. A medida que aumenta la productividad marginal, tiende a aumentar el producto marginal. Lo contrario sucede si la productividad marginal disminuye. 12. Un cambio en el valor de determinado bien ocasiona un cambio en el valor de un factor de producción completamente específico destinado a ese bien. 13. La utilidad marginal del producto del factor de producción trabajo tiende a variar en relación inversa con la utilidad marginal del descanso. 14. Cuando la cuantía de factores complementarios de producción permanece constante, existe siempre un punto óptimo del factor variable (ley de rendimiento decreciente). 15. Toda acción humana transcurre en el tiempo, dividida en tres períodos temporales: período de producción, período de duración de la utilidad y periodo de provisión. 16. Invariadas las restantes circunstancias, el hombre prefiere consumir un determinado bien en el presente a optar por consumir ese mismo bien en el futuro (ley de preferencia temporal). 17. El interés originario tiende a variar en relación directa con la preferencia por el bien en el presente. 18. El interés originario establece la proporción consumo presente/consumo futuro del sujeto actuante. 19. En toda acción humana que implique la construcción del factor capital, hay una determinada cuantía de interés originario. 20. El ahorro es condición necesaria para la inversión, y ésta tiende a variar en relación directa con la cuantía del ahorro previo. 21. Tanto el ahorro como la inversión están determinados por la preferencia temporal del sujeto actuante. 22. El ahorro es la condición necesaria para la fabricación de nuevo capital. 23. De la preferencia temporal del sujeto actuante dependen estas tres posibilidades, una vez fabricado el bien de capital: a) aumentar la cuantía de capital disponible; b) mantener la cuantía de capital; c) consumir su capital. 24. El valor de los factores de producción es igual al valor del producto marginal descontado (descontado el interés originario prevaleciente). La demostración de cada uno de estos teoremas excedería los límites de este trabajo; para ello, remitimos a nuestra tesis Fundamentos filosóficos y epistemológicos de la praxeología[51]. Tampoco nos detendremos ahora en la cuestión de la fundamentación gnoseológica y lógica del axioma central; ese trabajo es el núcleo central de la tesis que citamos recién, a la cual también remitimos para esta cuestión. Pero, a efectos de un importante detalle que después veremos, debemos decir nuestra principal conclusión al respecto: el fundamento del axioma central no es, para nosotros, ni categorías a priori al estilo kantiano (Mises), ni proposiciones evidentes fundadas en abstracción de tipo aristotélico (Rothbard), ni tipos ideales en el sentido de Schutz (Machlup), sino que el axioma central es para nosotros un teorema (demostrado en otro sistema) del sistema filosófico de Santo Tomás de Aquino, en el cual la estructura finalista (teleológica) y de libre albedrío de la conducta humana está perfectamente desarrollada. Para la demostración de este punto, como dijimos, remitimos a nuestra tesis, pero deberemos tener en cuenta este detalle cuando toquemos el tema de si se debe

---

[51] Op. cit. Presentada a la UCA en diciembre de 1988.

abandonar o no este núcleo central praxeológico ante una posible regresividad del programa de investigación.

b) Ahora nos detendremos en el importante tema de las assumed conditions, que serían equivalentes a las condiciones del mundo real mencionadas por Mises. Las dividiremos en tres tipos: A) antropológicas; B) sociológicas; C) jurídicas o institucionales (las que Musgrave llama *"domain assumptions"*)[52]. En las A colocamos dos presupuestos: A), la "perspicacia" o alertness (aporte de Kirzner), en cuanto a un especial y suficiente desarrollo, por parte de algunos intervinientes en el mercado, de estar alerta para prever con éxito las valorizaciones de los demás intervinientes; A2, una suficiente conducta maximizadora de beneficios monetarios. No incorporamos en A, la incertidumbre y el libre albedrío, por cuanto ya estaban presentes en las f. a. (debe recordarse que en estos presupuestos incorporamos elementos que no pueden deducirse necesariamente de las f.a.) En las B colocamos: Bl, la escasez natural de recursos (de tipo empírico); B2, la ley de división del trabajo o ley de asociación; B3, la presencia de interacciones sociales (cooperación social). En las C colocamos: Cl, propiedad privada de los medios de producción y sus derivados; C2, libertad de precios; C3, libertad jurídica de entrada al mercado (igualdad ante la ley y ausencia de privilegios jurídicos). El presupuesto Cl equivale a la "economía pura de mercado". Si cambiamos ese presupuesto por "presencia parcial de propiedad privada", tendremos como resultado "el mercado intervenido"; si lo cambiamos por "ausencia de propiedad privada", tendremos el análisis del socialismo.

Adviértase que estos presupuestos son ontológicamente contingentes suponiendo la presencia de acción humana, esto es, no se derivan necesariamente de la descripción de acción. Los teoremas praxeológicos, en cambio, son ontológica y lógicamente necesarios a partir de la descripción de acción humana (que en si misma es contingente en cuanto a su existencia real).

---

[52] Véase Musgrave, A. , "'Unreal Assumptions in Economic Theory, the F. Twist Untwisted", en Caldwell, B. , *Appraisal and Criticism in Economics*, Allen and Unwin, Boston, 1984.

De más está decir que la enumeración de estos presupuestos es discutible, en cuanto que seguramente habrá elementos que agregar o corregir. Aspiramos sólo a dar una base general de trabajo sobre esta cuestión.

Ahora veamos qué puede ser el *deduced change* de todo esto. En la medida en que se mantenga el presupuesto Cl, deduciremos los capítulos principales del análisis de la economía pura de mercado, precios, cambio indirecto, formación del capital, trabajo y salarios, etcétera. (Posiblemente haya que ir agregando presupuestos adicionales en el proceso, que deberían ser ordenados previamente). Al cambiar el presupuesto Cl por "presencia parcial de propiedad" deduciremos las consecuencias del mercado intervenido; y al cambiarlo por "ausencia de propiedad", deduciremos las consecuencias del socialismo

El lector habrá advertido que este enfoque es distinto del de Machlup. Pues los *deduced change*s que estamos reelaborando conforman el cuerpo principal de teoría económica (o leyes económicas deducidas de las praxeológicas más los presupuestos no-praxeológicos), mientras que en Machlup, el cuerpo principal de teoría económica se ubicaba más bien en las f.a., y el d.c, era un caso particular de aplicación de las f.a. a las a.c. ; ése es el motivo por el cual Machlup colocaba siempre un *assumed change* que nosotros no hemos tenido necesidad de incorporar a nuestro esquema.

Incorporación de los elementos de Lakatos

A la luz de lo expuesto, la incorporación de los elementos lakatosianos resulta más directa y sencilla. La praxeología como la hemos caracterizado corresponde al núcleo central del sistema. El cinturón protector de hipótesis ad hoc se ha convertido ahora en el conjunto de hipótesis auxiliares que corresponden a las assumed conditions y que nosotros hemos llamado presupuestos no-praxeológicos. La "predicción de hechos nuevos" corresponde a los *deduced change*s, y en nuestra reelaboración corresponde a la deducción de los teoremas económicos (economía pura de mercado, intervencionismo y socialismo. Si establecemos estas "correspondencias" en un cuadro comparativo, nos queda lo siguiente:

Mises	*Machlup*	*Lakatos*
Praxeología	f.a.	Núcleo central
Condiciones mundo real	a.c. (A;B;C)	Hipótesis ad hoc
Leyes económicas	d.c.	Predicción de "hechos nuevos"

Debemos sin embargo insistir en una importante cuestión. Dijimos en el parágrafo anterior que debe observarse que, en nuestra reelaboración, el *deduced change* corresponde al cuerpo principal de teoría económica, mientras que tanto en Machlup como en Lakatos, el "cuerpo principal de la teoría" se ubica más bien en las f.a. y en el núcleo central, siendo los *deduced change*s y/o predicción de hechos nuevos más bien aplicaciones de ese cuerpo principal de teoría. Debe insistirse en esta diferencia para observar que, mientras que en el esquema de Machlup la diferencia entre teoría económica y aplicación de la teoría pasa por la diferencia entre f.a. y d.c. (*lo cual implica que en su aparato analítico la economía teórica y la práctica se entremezclan*), no sucede así en Mises, y ése es un aspecto del esquema misiano que deseamos rescatar. Esto es, en nuestra reelaboración, la teoría económica corresponde a los tres niveles del esquema (praxeología, condiciones del mundo real y leyes económicas), con lo cual la economía queda caracterizada como ciencia especulativa, no práctica (lo cual no excluye su aplicación a casos concretos).

Debe también aclararse que las "condiciones del mundo real" deberían ser llamadas "condiciones no-praxeológicas" por cuanto la praxeología también corresponde al mundo real, dada nuestra fundamentación gnoseológica de la misma (remitimos a nuestra tesis).

Las aclaraciones que acabamos de efectuar nos permiten una segunda aplicación de Lakatos a nuestra reelaboración, esta vez de tipo más bien terminológico. Los tres niveles de nuestra reelaboración (praxeología, condiciones no-praxeológicas y leyes económicas) pueden considerarse, a su vez, como un "núcleo central" de teoría económica de tipo especulativo, mientras que otras ciencias o disciplinas que se consideran a veces íntimamente unidas a lo que habitualmente se llama "economía" (tales como política económica, historia económica, finanzas públicas, análisis de casos coyunturales, etcétera), pueden considerarse cómodamente como un cinturón de "hipótesis auxiliares" de tipo falsable. La aplicación es, sin embargo, esta vez, más terminológica que real, dado que la no corroboración de estas últimas hipótesis auxiliares no lleva al abandono del núcleo central, cuya fundamentación es independiente.

El problema del "testeo empírico". Machlup, Lakatos y Hayek

Vamos ahora a introducirnos en una de las cuestiones más delicadas con las que se enfrenta nuestra reelaboración, que es el problema del testeo empírico del programa. Este problema se plantea desde el mismo momento en que introducimos presupuestos no-praxeológicos que se incorporan al conjunto de premisas a partir de las cuales se deducen las leyes económicas, con la obvia consecuencia de que éstas ya no pueden afirmarse "necesariamente" a partir del núcleo central la esta altura de nuestra exposición debe quedar claro que "leyes económicas" no es igual a "leyes praxeológicas": estas últimas corresponden al núcleo central; las primeras, al tercer nivel del programa. Pero, a su vez, nos enfrentamos con el famoso problema de la supuesta imposibilidad de testeo "empírico" en ciencias sociales, dada la complejidad de sus fenómenos.

Para resolver esta cuestión seguiremos incorporando elementos de Machlup y Lakatos, y también de Hayek, autor cuyas ideas nos serán muy útiles para esta cuestión. De Machlup tomaremos su noción de testeo indirecto; de Lakatos, su noción de progresividad o no del programa, y de Hayek su tesis sobre la predicción en modelos con información incompleta[53].

Habíamos visto que la noción de testeo indirecto de Machlup implica que no se testea aisladamente ninguna parte de su aparato analítico, sino la totalidad de éste, una vez que sus *deduced changes* son disconfirmados por la experiencia (y hemos aclarado que Machlup de ningún modo supone que haya un "experimento cru-

---

[53] Véase su artículo "La teoría de los fenómenos complejos" ("The Theory of Camplox Phenomena"), traducido enEstudios Públicos, N° 2 (marzo de 1981). Santiago de Chile. 169

cial" en la falsación; ni en ciencias naturales y mucho menos en las sociales). Habíamos dicho también que eso es notablemente similar al método de testeo en Lakatos, donde el núcleo central se testea sólo en la operatoria conjunta de todo el" programa, y su aceptación y rechazo (nunca absolutos) dependerán de que el programa en su conjunto resulte progresivo o regresivo empíricamente.

Ahora bien, la reelaboración del sistema de Mises que hemos propuesto implica que estamos en presencia de un programa que en términos de Hayek sería un caso de lo que él denomina "predicción de modelos con información incompleta". Esta posibilidad, como comentaremos más tarde, fue vislumbrada ya por R. Langlois[54]. ¿A qué se refiere Hayek con ello? A que en algunas ciencias naturales, como ocurre sobre todo en las ciencias sociales, se establecen modelos que, ante la complejidad de los factores que entran en juego, especifican una proposición básica que implica un resultado general, que no especifica ni prevé de ningún modo casos individuales y específicos; y ese resultado general, al excluir determinados cursos de acción concebibles, establece sobre todo resultados o "predicciones" de tipo general y negativo. Los ejemplos que coloca Hayek son la teoría de la evolución en las ciencias naturales (en este caso la biología) y la teoría del proceso de mercado (ciencias sociales). El grado de corroboración es en estos casos mínimo, pero no por ello inconcebible (por ejemplo, el caso de que comenzaran repentinamente a nacer potrillos con alas sería, según Hayek, un elemento falsador de la teoría de la evolución). Lo que la teoría de la evolución no hace es prever positivamente qué ocurrirá, y por ende, aunque alguna aplicación particular de la misma resultara refutada, no por ello sería refutada la teoría general.

Si aplicamos ahora estas ideas a nuestra reelaboración, vemos que las leyes económicas establecidas nos permiten predecir fenómenos generales que excluyen un determinado radio de fenómenos (el "grado de falsabilidad", según Popper)[55]. Veamos algunos ejemplos. Si se dan las condiciones de la economía pura de mercado, podemos

---

[54] Véase su artículo "Austrian Economics as Affirmative Science: Comment on Rizzo", en *Method, Process. . .*, op. cit.
[55] Véase *La lógica de la investigación científica*, Tecnos, Madrid, 1980.

predecir que no ocurrirán determinados fenómenos según cada área de análisis: no habrá faltantes o sobrantes en el mercado; no se producirá inflación en el mercado monetario; no habrá desocupación en el mercado laboral, etcétera. Si la observación nos muestra fenómenos que parecen contrarios a estas predicciones negativas, seguramente advertiremos que los presupuestos tipo Cl no se cumplen, y pasaremos a ver si están dadas las condiciones de mercado intervenido, que prevén justamente esos fenómenos (eso sería una corroboración de la teoría). Sólo en caso de que, dadas efectivamente las condiciones jurídicas de una economía pura de mercado, se produzcan reiteradamente fenómenos que parezcan contrarios a los previstos, pasaremos a revisar las otras partes de nuestro cinturón protector de hipótesis auxiliares.

Por supuesto, ninguna de estas operatorias heurísticas podría funcionar como "experimentos cruciales", pero sí, al menos, como una no disconfirmación visible de nuestro modelo general. Por eso hemos dicho, incluso, que los falsadores potenciales del programa "parecen" serlo, pues, si ya es difícil en ciencias naturales ponerse de acuerdo sobre la objetividad de juicios singulares falsadores[56], mucho más lo será en ciencias sociales, cuyos "hechos" no son cuestiones relacionadas con objetos físicos sino interacciones sociales especificadas por las intenciones y fines de las personas que interactúan. La especificación de "hechos", en ese caso, que funcionen como falsadores potenciales, depende de la teoría del conocimiento utilizada para poder afirmar el conocimiento de tales interacciones de manera objetiva; y esas teorías del conocimiento, por más que uno esté convencido de la propia, siempre serán de hecho tema de discusión. Esto aumenta aun más el carácter "mínimo", del testeo empírico al cual estamos haciendo referencia.

Reiteramos que este tipo de "testeo" no testea las leyes económicas en sí mismas, pues su carácter deductivo les impide ser testeadas; lo que implica, en cambio, es una actitud de revisión permanente del segundo nivel de nuestra reelaboración, esto es, todo el conjunto de condiciones no-praxeológicas que son utilizadas como premisas junto con las leyes praxeológicas.

---

[56] Véase Lakatos, op. cit. , p. 165, nota 92.

Esta posibilidad de testeo indirecto en sentido global (Machlup-Lakatos) se observa con claridad sobre todo en los presupuestos antropológicos que hemos establecido. Los trabajos de Kirzner han aclarado mucho, como se sabe, la necesidad de presuponer la capacidad empresarial, concentrada en la *alertness* como elemento indispensable que permite deducir la tendencia del proceso del mercado a la economización óptima de recursos, dadas además las condiciones jurídicas[57]. Ahora bien, es obvio que nunca se podrá testear, ni directa ni indirectamente, la existencia de un grado suficiente de alertness en los participantes en el mercado. Pero si, una vez que están dadas las condiciones jurídicas de una economía pura de mercado, observamos que no se producen desajustes graves en el proceso económico, podemos decir que hemos testeado de manera indirecta la real presencia de un grado suficiente de alertness que permite al mercado ajustar la oferta con la demanda (todo lo cual implica el tema de la información según la Escuela Austriaca)[58].

Para enfatizar que el testeo empírico del cual hablamos es mínimo, y para dar un poco más de claridad a lo que queremos decir, pongamos un ejemplo de lo que sería un caso de "desajuste grave en el proceso económico". No decimos y creemos que este detalle es muy importante que el testeo implique una observación de las causas de los problemas en cuestión. Por ejemplo, supongamos que en EE.UU., durante toda la década de los años 20 al 30, se hubiesen seguido estrictamente todos los presupuestos jurídicos de la economía pura de mercado (cosa que, luego, sabemos que no fue así). Supongamos, pues, que, consiguientemente, no hubiera existido la mínima intervención del Estado en ningún aspecto del proceso económico, excepto para garantizar la propiedad y los contratos libres. Y supongamos que, aun así, se hubieran registrado, a nivel de "datos" empíricos, fenómenos análogos a la crisis del 30. Por supuesto, nada de eso nos hubiera mostrado empíricamente la causa de lo que esta-

---

[57] Véase Kirzner, I. , "On the Method of Austrian Economics", en *The Foundations...* (op. cit.); "Equilibrium versus Market Process", en op. cit.: y *Competencia y función empresarial*, Unión Editorial, 1975.
[58] Véase Thomsen, E. F. "Prices and Knowledge: A Market Process Perspective", New York University, 1989 (tesis doctoral); y "Precios e información", en Libertas, N°11 (Octubre de 1989).

ba ocurriendo, pero al menos hubiéramos tenido una razón suficiente para decir "aquí hay algo que no funciona", y deberíamos haber comenzado a analizar en qué medida se estaban cumpliendo nuestros presupuestos no-praxeológicos o si habíamos cometido un error global de deducción en las leyes económicas. Por supuesto, nunca hasta ahora se registró algún ejemplo como éste o similar, y eso implica que el programa de investigación de la economía pura de mercado está corroborado hasta el momento.

Dejando de lado el ejemplo anterior, y volviendo a los casos de testeo indirecto, digamos que lo mismo sucede con el presupuesto de maximización monetaria, en la medida en que sea necesario para el desarrollo de algunos ítems importantes de teoría económica. Machlup ha aclarado plenamente la imposibilidad absoluta de cualquier tipo de testeo directo o indirecto "clásico" de este tipo de supuesto, excepto, justamente, que se realice el testeo global del sistema. Y en efecto, otra vez, si observamos que no se producen el conjunto de efectos excluidos por el funcionamiento de leyes económicas que presuponen este factor de maximización, podemos decir que hemos testeado indirectamente la presencia de una "suficiente" conducta maximizadora en el mercado a efectos de su funcionamiento (la salida que nosotros damos a este testeo indirecto es más realista que la de Machlup, pues mientras él coloca a este supuesto como un tipo ideal al estilo Schutz, nosotros pensamos que el testeo indirecto nos permite inferir una presencia "real" de "un grado suficiente" de conducta maximizadora, *no exenta de otras motivaciones*, ni tampoco presente en todos, pero "suficiente" a efectos del proceso del mercado).

Debemos ahora referirnos a otra importante cuestión relacionada con este punto. Habíamos dicho que, en la metodología lakatosiana, el núcleo central es no falsable por convención, y puede abandonarse en caso de que el programa resulte regresivo. Machlup, a su vez, aceptaría ese punto de vista, dado el status gnoseológico de sus *fundamental assumptions* (recordemos que él contrapone los "ideal" types con los "real" types). Cabe pues preguntarse si en nuestra reelaboración el resultado sería el mismo, esto es, si dado que hemos reconocido algún tipo de testeo, aunque mínimo, para el programa de investigación, el núcleo central praxeológico debería ser abandonado si acaso todo el programa fuera regresivo. La respuesta -y en esto nos mantendremos muy cerca de Mises y más lejos de Machlup y Lakatos- es negativa. Dada la estructura de nuestra reelaboración, la regresividad del sistema implicaría algún error en las condiciones no-praxeológicas o algún error en la deducción. Pero la praxeología tiene para nosotros un sustento gnoseológico que es tan firme como en Mises. Para nosotros, la descripción de acción se fundamenta en la antropología de Santo Tomás de Aquino, lo cual implica un nivel filosófico de análisis esencialmente no falsable, al igual que sus conclusiones. La praxeología se encuentra, de ese modo, absolutamente más allá del testeo empírico. Un error en lo que se deriva de ella cuando le agregamos supuestos no-praxeológicos afecta a estos últimos y no a la praxeología en sí misma. Luego, en nuestra reelaboración, nuestro núcleo central es no falsable en sí mismo, y no por convención. Luego, la eventual regresividad del sistema no lo afecta.

Adelantando una conclusión general, se puede observar que la incorporación de elementos "empíricos" al esquema misiano, vía Machlup, Lakatos y también Hayek (más Popper, que influye en los tres) no ha afectado en gran medida a la mayoría de los elementos a priori de Mises).

Hacia una posible solución de problemas vía nuestra reelaboración

Recordemos que hacia el final del resumen de las ideas de Mises que hicimos al principio dejamos pendientes tres problemas metodológicos típicos que se discuten habitualmente dentro de la Escuela Austríaca. Veamos de qué modo podrían ser resueltos a la luz de nuestra reelaboración.

El primero se refería a la necesidad del factor alertness para la deducción de la tendencia al equilibrio del proceso del mercado, y a los problemas epistemológicos relacionados con esta cuestión. Para no introducirnos en cuestiones que están fuera de nuestra competencia o que escapan a los fines de este trabajo, distingamos tres cuestiones que se entremezclan en este tema: primero, una cuestión propiamente "praxeológica", cual es en qué medida la alertness se puede inferir deductivamente del axioma praxeológico central o no; segundo, una cuestión propiamente de teoría económica, cual es la explicación de la tendencia al equilibrio una vez supuesta la *alertness* definitoria del factor empresarial; y, tercero, cómo ubicar epistemológicamente la alertness en caso de que la respuesta al interrogante de la primera cuestión fuese negativa. En este trabajo nos concentramos en la tercera cuestión; dejamos la segunda en manos de los economistas y tocamos la primera sólo en la medida necesaria para plantear la tercera.

Sobre la primera cuestión, se sabe que, aun antes de la caracterización kirzneriana del factor empresarial, F. A. Hayek, en sus artículos *Economics and Knowledge* (1935) y *The Use of Knowledge in Society* (1945) sostuvo (aunque no sólo allí) que la tendencia del proceso del mercado al equilibrio (explicado en contraposición a los modelos clásicos de competencia perfecta) no puede deducirse exclusivamente de la "lógica pura de la elección", y que es justamente esto lo que convierte a la economía en una "ciencia empírica" (esta cuestión, como puede verse, es epistemológicamente importante)[59]. En nuestra tesis (a la cual nos remitimos)[60] hemos opinado, de igual modo que R. Langlois[61], que, aunque pueda deducirse praxeológicamente un mínimo grado de "estar alerta" para todo sujeto actuante, no puede inferirse deductivamente la presencia de un grado suficiente de esa "*alertnidad*" que es necesario para inferir la tendencia del proceso del mercado al equilibrio.

Esto es epistemológicamente clave, y es justamente la tercera cuestión. En caso de que estemos equivocados, la capacidad empresarial que el mercado necesita para funcionar sería deducible del axioma praxeológico; sería pues un teorema praxeológico que estaría dentro de nuestro núcleo central no falsable en sí mismo, y con ello, el grado de a priori de la teoría económica aumentaría notablemente. Pero, en caso de que estemos acertados en nuestra opinión sobre la primera cuestión, esa capacidad empresarial debe ser agregada, como ya lo hemos hecho, como un supuesto no-praxeológico, a ser

---

[59] Véanse dichos artículos de Hayeck en *Individualism and Economic Order*, Routledge and Kegan Paul, Londres, 1976.

[60] Op. cit.

[61] Véase su artículo "Knowledge and Rationality in the Austrian School: an Analytical Survey", en *Eastern Economic Journal*, vol. IX, N° 4 (10 de noviembre de 1985).

testeado indirectamente al estilo Machlup, como ya hemos explicado. Y esto resuelve, en principio, el problema epistemológico que se plantea. Con nuestra reelaboración, la alertness que especifica la empresarialidad en el mercado queda colocada dentro de las condiciones no-praxeológicas supuestas para la deducción de las leyes económicas. O sea que no estamos más que explicitando de modo especial lo que ya habíamos planteado hasta el momento. Es importante, pues, destacar que nuestra reelaboración permitiría, entonces, una "salida" al problema que se plantea cuando efectivamente vemos que la alertness no es puramente praxeológica. Y ése es el aporte estrictamente epistemológico que deseábamos efectuar a esta cuestión.

Análogas y similares consideraciones nos plantea el otro problema que había quedado pendiente, a saber, la hipótesis de maximización de beneficio monetario. Esta más allá de los fines de este trabajo la discusión en detalle sobre si dicho postulado se desprende o no del axioma praxeológico central; para eso remitimos a nuestra tesis[62]; menos aun nos corresponde el problema e su utilización en detalle dentro de la teoría económica; pero lo que corresponde aclarar, a los fines de este trabajo, es que, en la medida en que este postulado sea efectivamente no-praxeológico y tenga real utilización en teoremas económicos importantes, su ubicación epistemológica quedaría, a la luz de nuestra reelaboración, aclarada. Hemos visto, en efecto, que debe ser considerado como un presupuesto no. praxeológico que se ubica en el segundo nivel del programa (las condiciones no-praxeológicas) y que es testeado en conjunto en la medida de la no disconfirmación del programa (o progresividad del mismo).

Con lo cual el otro problema que quedaba pendiente, a saber, la ubicación epistemológica de los "axiomas subsidiarios" de la teoría económica una vez que ésta se concibe como a priori quedaría también resuelto a la luz dejo expuesto.

---

[62] Véase cap. 3, punto 3.

Aclaraciones adicionales

Hemos expuesto el "núcleo central" de nuestra reelaboración lakatosiana de Mises a través de Machlup. Pero nos quedan tres aclaraciones adicionales. Primero, debemos decir que esta reelaboración
epistemológica del método de la economía se encuentra "rodeada"
por un meta-sistema gnoseológico (con "gnoseología" aludimos a la
teoría general del conocimiento) cuya exposición detallada escapa,
por supuesto, a los fines de este trabajo. Empero, *sólo a título de información* para aquel que esté interesado en la posición filosófica
última que está detrás de nuestra reelaboración, diremos que ésta
responde a una concepción general de la metodología de las ciencias
sociales, según la cual éstas utilizan tres métodos, que confluyen en el
estudio de su objeto común, a saber, las interacciones entre personas
humanas especificadas por los fines de los sujetos interactuantes.

Esos tres métodos son: a) praxeológico, en la medida en que se
infieran deductivamente consecuencias (consecuencias necesarias,
dado que el razonamiento es deductivo) a partir de valoraciones
libremente establecidas por el sujeto actuante; b) fenomenológico,
en la medida en que se capte intelectualmente (la abstracción entra
aquí en juego) el sentido o la esencia de cada tipo de interacción
social (esto implica una reelaboración realista tomista de la fenomenología de Husserl); y c) conjetural, en la medida en que, utilizando
la "comprensión" se establezcan de modo conjetural (no numérico)
las valoraciones de los sujetos actuantes en un conjunto dado de
circunstancias. Los métodos primero y tercero utilizan juicios condi-
cionales (si p, entonces q), con la importante diferencia de que en el
primer método la inferencia de "p" a "q" es deductiva, y por ende
necesaria, mientras que en el tercer método la inferencia de "p" a "q"
es no deductiva, sino que utiliza el método de conjeturas y refutaciones de Popper[63].

El segundo método utiliza juicios apofánticos afirmativos (S es
P), siendo analítica la relación entre S y P. Como vemos, el primero y

---

[63] Sobre la utilización de la "comprensión" en una perspectiva hipotético-deductiva,
véase el artículo "clásico" de Abel. T. , "The Operation Called Verstehen", en
Feigl,H. y Brodbeck. M. (comps.), *Readings In the Philosophy of Science*, Appleton
Century Inc. , New York, 1953.

segundo métodos incorporan un ámbito de conocimiento no-conjetural, lo cual implica que subyace una teoría general del conocimiento de tipo tomista que admite un conocimiento no-conjetural del mundo fruto de la abstracción intelectual, mientras que se utiliza el método conjetural en el tercer nivel. Si damos un pequeño ejemplo, supongamos que decimos: "Si hay déficit presupuestario, la autoridad monetaria se verá estimulada a emitir moneda. Si emite moneda, bajará su poder adquisitivo por razones exógenas al mercado y habrá inflación". En este pequeño ejemplo, observemos tres elementos: a) hay "conceptos" a través de los cuales conocemos la esencia de determinadas interacciones sociales, que se definen por sus fines: "moneda", "autoridad monetaria", "emisión monetaria", "mercado", "poder adquisitivo", "acción exógena al mercado", etcétera. Esos conceptos se van obteniendo por abstracción de la esencia de cada interacción[64]; b) hay una conjetura sobre cómo se comporta habitualmente la autoridad monetaria en ciertas circunstancias, sobre la base de una "comprensión" de su conducta len este caso la "comprensión" sirve para el contexto de descubrimiento de la conjetura pero no para su "justificación"; c) hay una relación de causa a efecto de tipo praxeológico entre el aumento, de la oferta monetaria por razones exógenas al mercado y la baja en el poder adquisitivo de la moneda (al aplicar la ley praxeológica de utilidad marginal al bien "moneda").

A la luz de lo expuesto, podemos ver que en nuestra reelaboración de la metodología misiana hay una amplia utilización de estos tres métodos. Como vemos, hay una utilización preponderante del método praxeológico, totalmente en la deducción de los teoremas del núcleo central, y parcialmente en la deducción de los teoremas económicos (tercer nivel de nuestra reelaboración). Hay una utilización del segundo método (fenomenológico / tomista) en la funda-

---

[64] Sobre la utilización de la abstracción de las esencias en un contexto mengeriano, véase Bostaph, S. , "The Intelectual Context of Carl Menger's Research Efforts", presentado a la Dallas University. Sobre el tema de la "esencia" véase también el interesante comentario de Uskali Makie, su artículo "On the Problem of Realism and Economics" (3 de octubre, de 1988): "Austrian think, in other words, that their theory is realistic in the sense of being a true representation of the essence of business firm" (p. 17).

mentación del axioma praxeológico central, en la elaboración de todos los conceptos de interacciones sociales utilizados y en el análisis de la esencia de los presupuestos institucionales y sociológicos; y hay una utilización preponderante del método conjetural en el caso delos presupuestos no-praxeológicos de tipo antropológico (alertness y maximización monetaria).

Pero ahora puede aparecer una pregunta que nos introduce en la segunda cuestión. La reelaboración efectuada, a la luz de todo lo expuesto, ¿es a priori o hipotético deductiva? ¿Puede ser ambas cosas a la vez? ¿No es contradictorio pretenderlo? Nuestra respuesta es que el núcleo central es totalmente a priori (entendiéndose por ello "no-conjetural"; no "kantiano"), mientras que el programa en su conjunto o globalmente considerado "trasciende" la dicotomía clásica entre lo a priori y lo hipotético, para incorporar elementos de testeo empírico que no por ello anulan o disminuyen los elementos no conjeturales (no hipotéticos) del programa. Por supuesto, si por "hipotético deductivo" se entiende "no ontológicamente necesario a partir de la descripción de acción", entonces, efectivamente, el programa es hipotético deductivo.

Con esto podemos contestar a la tercera cuestión que queremos aclarar, que se refiere a una caracterización que Rothbard hace de todo sistema que se considere "apriorista extremo" (creemos que con "extremo" Rothbard quiere decir "totalmente"). Según Rothbard[65], todo "praxeólogo" debe creer: a) que los axiomas y premisas fundamentales de la economía son absolutamente verdaderos; b) que los teoremas y conclusiones deducidos mediante leyes de la lógica a partir de dichos postulados son, por consiguiente, absolutamente verdaderos; c) que en consecuencia no hay necesidad de testeo empírico, sea de las premisas o de las conclusiones; d) que los teoremas deducidos no podrían ser testeados aun cuando ello fuera deseable. La pregunta es: ¿se cumplen esas características en nuestra reelaboración? Veámoslo punto por punto, y reiteremos las cuatro características, pero reelaboradas a la luz de nuestro esquema: a1 los axiomas y los teoremas de la praxeología son absolutamente verda-

---

[65] Véase su articulo "In Defense of Extreme Apriorism", en *Southern Economic Journal*, vol. 23, N° 3.

deros; b) los teoremas y conclusiones deducidos a partir de dichas verdades y de las condiciones no-praxeológicas son verdaderos en tanto dichas condiciones estén presentes (luego, no son "absolutamente" verdaderos, sino, como diría Santo Tomás, "secundum quid"); c) hay, por consiguiente, necesidad de testeo empírico del programa en su globalidad dado el margen de contingencia producido por dichas condiciones; d) *es concebible y posible* un testeo empírico *indirecto al estilo Machlup/Lakatos/Hayek* del programa en su globalidad, lo cual no implica que se deba abandonar el núcleo central en caso de que el programa resultara regresivo.

Si hacemos una reflexión adicional sobre el punto "c" comprenderemos mejor la necesidad de testeo empírico que este esquema plantea. Pues podemos, efectivamente, estructurar en nuestra mente cualquier modelo suponiendo las condiciones no-praxeológicas que se nos ocurran. Pero la ciencia como dice Mises no es mera gimnasia mental; aspira a buscar la verdad, lo cual implica buscar una descripción del mundo que se acerque a éste tal cual es. Y para ello debemos saber si las condiciones no-praxeológicas están efectivamente presentes o no. Y, como hemos visto, no hay modo de saberlo, sino con el testeo empírico indirecto tal cual lo hemos explicado.

Analizadas estas cuestiones adicionales, podemos pasar al último punto de nuestro análisis.

Un comentario a Rizzo y a Langlois

No es nuestra intención hacer un análisis crítico del ensayo de M. J. Rizzo sobre Mises y Lakatos. Sólo queríamos efectuar un comentario que señala una cuestión para nosotros importante: Rizzo coloca dentro del "núcleo central" de la Escuela Austríaca la "tendencia a la coordinación" (y aclara después: "sólo en ciertas circunstancias")[66]. Por todo lo expuesto anteriormente, no creemos él que sea justamente ese factor lo que esté dentro del núcleo central; precisamente, las "circunstancias" a que alude Rizzo se refieren, seguramente, a las condiciones no-praxeológicas que nosotros hemos ubicado en el segundo nivel de nuestra reelaboración. Es más: si la tendencia a la

---

[66] Véase Rizzo, op. cit.

coordinación pudiera deducirse directamente de las categorías de la acción como parece decir, Rizzo en un momento un esquema "apriorista extremo" como el de Rothbard sería viable. Y en ese caso no habría necesidad de incorporar elementos lakatosianos a la metodología misiana.

Por otra parte, R. Langlois, en su comentario a Rizzo[67], destaca con claridad que, si se sigue estrictamente a Lakatos, el núcleo central es no falsable por convención lo sea, por decisión metodológica del científico). Pero, como es obvio, Mises no hubiera aceptado esa caracterización de la praxeología, dado que ésta es verdadera, con una certeza sobre esa verdad que se deriva del contexto gnoseológico kantiano. O sea que no es, en Mises, "no falsable por convención".

Esta dificultad, como vimos, ha quedado resuelta en nuestra reelaboración, ya que hemos aclarado que una eventual regresividad del programa no hubiera afectado al núcleo central, dado que éste es también, para nosotros, verdadero no por convención, sino por nuestras bases gnoseológicas tomistas. Tenemos, como puede observarse, una diferencia filosófica importante con Mises. en cuanto a la fundamentación gnoseológica de la praxeología, pero el resultado epistemológico es, con respecto a esa ciencia, el mismo.

Por último, queremos destacar que, como ya dijimos, Langlois advierte la importancia de los aportes de Hayek sobre el tema de la predicción en fenómenos complejos, como clave que permitiría a la Escuela Austríaca incorporar elementos de testeo empírico sin renunciar por ello a sus críticas habituales a los métodos cuantitativos de testeo. Dice, en efecto, Langlois: "[. . .]But perhaps Austrians should give more attention to developing an 'optics' of what Hayek calls 'pattern prediction'"[68].

Síntesis general

Del análisis efectuado se desprenden, consiguientemente, los siguientes puntos:

---

[67] Véase op. cit.
[68] Ídem, p.81.

1. La conexión entre Mises y Lakatos puede realizarse más fácilmente a través de aportes metodológicos de Machlup.

2. Mises desarrolló una metodología donde las leyes económicas son deducidas, al parecer, totalmente a partir de las categorías a priori de la acción. El método quedaría así, por ende, totalmente a priori. No hay tampoco necesidad ni posibilidad de testeo empírico.

3. Lakatos desarrolló una metodología para las ciencias donde éstas combinan elementos no falsables, en un núcleo central no falsable por convención, con elementos falsables en un cinturón protector de hipótesis ad hoc. A partir de la corroboración o no de las predicciones efectuadas a partir de estas últimas se establece la progresividad empírica o no del programa de investigación en su globalidad.

4. Machlup desarrolló una metodología en la cual la economía cuenta con un "aparato analítico" de *fundamental assumptions*, no testeables ni directa ni indirectamente de manera aislada; assumed conditions, de tipo "fáctico", y un *deduced change* inferido deductivamente a partir de una cadena deductiva que parte de un *assumed change*, y pasa por las f. a. y las a. c. El testeo indirecto del sistema es global y en conjunto, a partir de la no disconfirmación de los *deduced changes*.

5. A partir de estos elementos podemos intentar una reelaboración del esquema misiano donde la praxeología corresponda a las f. a. de Machlup y al núcleo central lakatosiano; las "condiciones del mundo real" (que según nuestra opinión incorporan elementos antropológicos, sociológicos e institucionales de tipo no-praxeológico) corresponden a las a. c. de Machlup y a las "hipótesis ad hoc" (que en este caso serían auxiliares) de Lakatos; las leyes económicas deducidas corresponderían al d. c. de Machlup y a la predicción de hechos nuevos de Lakatos.

6. El testeo empírico del programa así resultante se puede realizar combinando la noción de testeo indirecto de Machlup, la noción de progresividad o regresividad empírica de Lakatos y la "predicción en modelos con información incompleta" de Hayek.

7. El testeo empírico resultante es mínimo; no testea las relaciones de causa efecto deductivamente inferidas, y su eventual regresividad (hasta ahora nunca efectuada) no implica el abandono del

núcleo central, pero implica una revisión en las condiciones asumidas y en los razonamientos efectuados.

8. La reelaboración efectuada permitiría solucionar problemas epistemológicos planteados dentro de la Escuela Austríaca tales como la tendencia al equilibrio, la hipótesis de maximización monetaria y la ubicación de las "hipótesis auxiliares". La relación de lo a priori con lo "empírico" estaría armónicamente efectuada.

9. Nuestra reelaboración epistemológica está rodeada de un metasistema gnoseológico que, combinando elementos de Santo Tomás, Husserl y Popper, integra elementos falsables y no falsables en la posibilidad de un conocimiento (científico o no) verdadero del mundo real.

10. La reelaboración efectuada no cambia en gran medida, en nuestra opinión, la metodología preponderantemente a priori de la economía, según Mises.

Hemos planteado pues el núcleo central de nuestra reelaboración de la metodología misiana. Seguramente se enfrentará con anomalías, certeramente dirigidas por las críticas que le sean efectuadas. Queda por ver si podemos establecer hipótesis ad hoc, y convertir nuestra propuesta en un programa progresivo.

Apéndice

Hemos colocado la traducción de las citas en inglés, que fueron numeradas con números romanos. La traducción fue realizada por Maria Gabriela Mrad, a quien agradecemos mucho su colaboración.

(I): "Como las categorías a priori derivadas de la estructura lógica de la mente humana han permitido al hombre desarrollar teorías cuya aplicación práctica lo ha ayudado en sus intentos por no perder terreno en su lucha por la supervivencia y por alcanzar las diversas metas que quisiera lograr, estas categorías nos informan sobre la realidad del universo".

(II): "Lo que conocemos acerca de nuestra acción en condiciones dadas no deriva de la experiencia sino de la razón. Lo que conocemos acerca de las categorías fundamentales de la acción actuar, economizar, elegir, la relación de medios a fines, y el resto de las cosas que junto con éstas constituyen el sistema de la acción humana no deriva de la experiencia. Nuestra concepción de todo esto es interna, similar a nuestra concepción de las verdades lógicas y matemáticas, a priori, sin referencia a experiencia alguna".

(III): "Sólo la experiencia puede enseñarnos si estos conceptos son aplicables o no a las condiciones en las cuales debemos vivir nuestra vida".

(IV): "Dado que estudiamos la ciencia en función de la vida real y debería tenerse en cuenta que el deseo de conocimiento puro por sí mismo también es parte de la vida real y no como una forma de gimnasia mental, generalmente no nos preocupa renunciar a la gratificación que podría ofrecer un sistema perfecto y comprensivo de los axiomas de la acción humana, un sistema tan universal que incluyera todas las categorías pensables de las condiciones para la acción. En su lugar, nos satisface un sistema menos universal que hace referencia a las condiciones dadas en el mundo de la experiencia").

(V): "De todas maneras, esta referencia de ningún modo cambia la naturaleza apriorística de nuestro conocimiento".

(VI): "La praxeología es a priori. Parte de la categoría a priori de acción, y desarrolla todo lo que ella contiene. Por razones prácticas, la praxeología no suele prestar mucha atención a los problemas que no son útiles para el estudio de la realidad del actuar del hombre. Restringe su tarea a aquellos problemas que son necesarios para elucidar lo que sucede en la realidad. Su objetivo es ocuparse de la acción que ocurre en condiciones que el hombre actuante debe enfrentar. Esto no modifica la naturaleza puramente apriorística de la praxeología. Simplemente circunscribe el área que los praxeólogos individuales suelen elegir para trabajar".

(VII): "Las proposiciones teóricas abstractas de la ciencia, que forman parte integral de un sistema teorice, tienen carácter de postulados, para los que no se intenta encontrar pruebas empíricas directas. Se testea únicamente el sistema como un todo, a través de la correspondencia entre las consecuencias deducidas del sistema y los datos de la experiencia que pretende explicar o predecir".

(VIII): "Debería distinguirse entre lo que un filósofo británico recientemente ha denominado 'hipótesis de alto nivel' y las 'generalizaciones de bajo nivel'. Las primeras son postulados y nunca pueden verificarse directamente; una única hipótesis de alto nivel ni siquiera puede ser verificada indirectamente, ya que nada se deriva de una hipótesis aislada. Únicamente puede testearse todo un sistema de hipótesis deduciendo las consecuencias lógicas de un conjunto de suposiciones específicas y comparándolas con los registros de observaciones como contrapartidas empíricas aproximadas de las suposiciones específicas y las consecuencias específicas".

(IX): "Nunca deducimos una consecuencia de una sola teoría. Siempre combinamos las relaciones postuladas (que conforman una teoría) con la suposición de algún cambio o hecho; y posteriormente deducimos la consecuencia de la conjunción de las relaciones teóricas y la ocurrencia supuesta".

(X): "Considero que, al aplicarse los modelos, no debería marcar una diferencia fundamental el hecho de que un modelo se construya con un núcleo central elaborado a partir de hipótesis o postulados, mientras que otros modelos se construyen con hipótesis que parten de generalizaciones behavioristas de bajo nivel, sobre la base de observaciones empíricas. Cualquier modelo teórico en contraposición a un modelo probabilístico, sin importar el modo en que se obtuvieron las "suposiciones" incorporadas, sirve para ser empleado junto con alguna proposición adicional por lo general acerca de un hecho o un cambio en las condiciones, de forma tal que de esa conjunción pueda deducirse una conclusión. Tanto la proposición adicional, que alguna vez llamé *assumed change* (la causa), como la conclusión, que llamé *deduced change* (el efecto), a pesar de estar en el terreno de la construcción, tienen también su contrapartida en el ámbito de la observación, de forma tal que pueda testearse su consistencia".

LA INMORALIDAD DEL POPULISMO

Alejandro Gómez

Introducción

A lo largo de su historia la mayoría de los países latinoamericanos han sido gobernados bajo sistemas que en sus lineamientos generales han sido lo contrario de lo que se considera un Estado de Derecho, entendiendo a éste, como el sistema en el que prevalece la libertad individual y la economía de mercado con instituciones que protegen los derechos de propiedad individuales. Paradójicamente, muchos intelectuales, políticos y comunicadores sociales, sostienen que fue precisamente la aplicación de este tipo de medidas, que se asocian con el capitalismo liberal, las que han sumido el continente en la pobreza y la desigualdad, promoviendo como "solución" a tal problema un estado intervencionista de corte socialista y/o populista.

Nuestro análisis, por el contrario, sostiene que la ausencia de una economía de mercado y de un estado de derecho son las causas de la pobreza, la falta de oportunidades y la injusticia en la región. Precisamente, el origen de estos males se encuentra en los privilegios que tienen aquellos que están ubicados en los círculos de poder gracias al lobby que hacen desde las distintas corporaciones en las que están representados (i.e. partidos políticos, asociaciones de empresarios, sindicatos, etc.), dejando a la mayoría de los individuos que no pertenecen a las mismas inermes ante los cotidianos abusos a los que son sometidos sus derechos individuales. Por esta razón, nos preguntamos por qué no probamos con la implementación de un sistema de economía de mercado en lugar del populismo colectivista.

Este ensayo analizará las falacias del estado colectivista e intervencionista que tenemos en la mayoría de los países latinoamericanos, y sus consecuencias negativas sobre la vida de los individuos y la creación de riqueza.

La "moral" del estatismo populista

En los últimos setenta años, el grado de intervención de los gobiernos latinoamericanos en la vida de las personas no ha parado de crecer, al punto de que en la actualidad no somos capaces de tomar una sola decisión personal en la cual el *estado* esté involucrado directa o indirectamente.[1] Es sorprendente apreciar la naturalidad con la que los individuos aceptan esta intervención, llevados por la creencia (instaurada desde los centros educativos y propalada por la mayoría de los medios de comunicación) de que las cosas en las que interviene el estado benefician a la comunidad en su conjunto, ya que éste no persigue fines de lucro ni tiene oscuros intereses. En consecuencia, cualquier tipo de intromisión por parte del estado aparece a los ojos de los dirigistas como algo positivo, ya que el mismo nos estaría protegiendo de los abusos de las empresas que representan la esencia del capitalismo liberal; así como también del accionar de individuos inescrupulosos que buscando enriquecerse no dudarán en perjudicar a la comunidad. Además, la intervención estatal nos protege de los inevitables fallos del mercado y de las malas decisiones que tomamos como individuos carentes de información o conocimientos adecuados.

Dicho esto, en primer lugar consideramos conveniente analizar cuál es la función del estado, para luego poder ver más claramente dónde se encuentra el origen de las falacias dirigistas. John Locke[2] sostiene que los individuos se integran en sociedades y organizan gobiernos con el fin de proteger su vida, su libertad y lo que se deriva de su trabajo y esfuerzo, es decir su propiedad. Así las cosas, el gobierno surge con el objetivo de proteger la vida y las propiedades de los individuos; si los recursos no fueran escasos y no hubiera ningún tipo de restricción para el consumo, entonces no tendría sentido hablar de propiedad ni de gobierno, pero como este no es el caso:

> It appears reasonable, then, to conclude that in any society there must be a set of rules in operation, designed to protect people from infringe-

---

[1] En el presente trabajo deliberadamente nos referiremos a la entelequia *estado* en minúsculas.

[2] Locke, John. "Segundo Tratado sobre el Gobierno Civil". Altaza. Barcelona. 1994

ment on their freedom. The prohibition of killing, robbing, assaulting, maiming, and otherwise inflicting damage on others, including taking away by force the products of their labor, would be rules of first importance, for only if such rules are operative can citizens live free from coercive acts or attempts...
Nor only do such rules have to be conceived of, they must be enforced. And here government enters into picture. If no one ever attempted to interfere with the liberty of another, government would no be necessary. But once some individual or group does interfere, or attempts to do so, government comes in to punish the offender after a trial according to prescribed rules[3]

De lo antedicho, se puede concluir que la función del estado es proteger a los individuos de las eventuales violaciones que sufran en sus derechos, y para esto el gobierno que administra el estado debe contar con dos elementos fundamentales: la ley (conjunto de reglas que delimitarán su esfera de actuación) y el monopolio en el uso de la fuerza para poder hacer cumplir dichas leyes.

El interrogante que se nos plantea, entonces, es saber cómo hemos llegado a la situación actual en la cual el gobierno, quien se supone el garante de nuestra vida y propiedad, se termina convirtiendo en el principal violador del derecho de propiedad y de las libertades individuales. Una primera respuesta la podemos encontrar en el uso equivocado que se dio a uno de los elementos del gobierno como ser la ley. Se cree que toda regla sancionada por el poder legislativo que reviste carácter de ley es beneficiosa por el solo hecho de existir. Pero, como sostiene Bastiat:

...la ley es la organización del derecho natural de legítima defensa: es la sustitución de la fuerza colectiva a las fuerzas individuales, para actuar en el campo restringido en que estas tienen el derecho de hacerlo, para garantizar las personas, las libertades, las propiedades, para mantener a cada uno en su derecho, para hacer reinar para todos las JUSTICIA. (...) No se debe a que los hombres hayan dictado leyes, la existencia de la Personalidad, la Libertad y la Propiedad. Por el contrario, la pre-

---

[3]Hospers, John. "Libertarianism: A Political Philosophy for Tomorrow." Nash-Publishing. Los Angeles. 1971. p. 13

existencia de personalidad, libertad y propiedad es lo que determina que puedan hacer leyes los hombres.[4]

Por su parte John Locke sostiene que:

> La ley tiene como fin, no prohibir o restringir, sino preservar y ampliar la libertad... y es que tener libertad es no sufrir la opresión y la violencia de los demás, y eso no puede darse si no existe la ley.[5]

Evidentemente los distintos gobiernos que hemos tenido en las últimas décadas no interpretaron de esta manera el concepto de ley. De tal forma que sancionaron una infinidad de leyes, las cuales una tras otra nos ha ido quitando la libertad hasta ponernos en la actual situación de total indefensión ante el abuso del estado. Nuestros gobernantes y legisladores han equivocado el sentido de lo que es la ley, ya que:

> ...no es ley todo acto que revista forma legislativa. La ley es algo más que el mero ejercicio de la voluntad como acto de poder. No debe ser regla especial para una persona o caso particular, sino en el lenguaje de Mr. Webster, y de acuerdo con su definición familiar, ley general; una ley que oye antes de condenar, que procede de acuerdo con la investigación y que solamente pronuncia su juicio después de la prueba, de forma que cada ciudadano mantenga su vida, libertad, propiedad e inmunidad bajo la protección de las leyes generales que gobiernan la sociedad, con exclusión de todo lo que es ajeno al debido proceso de la ley, como la muerte civil, los decretos punitivos, los actos de confiscación, los que tienden a alterar la cosa juzgada, los que directamente transfieren la propiedad de un hombre a otros, los juicios y decretos del legislativo y otras atribuciones de poder, similares, especiales y arbitrarias, que revistan la forma de legislación. El poder arbitrario que hace cumplir a la fuerza sus edictos en detrimento de las personas y propiedad de los súbditos a él sujetos, no es ley aunque revista la forma de decreto de un monarca personal o de una multitud impersonal...[6]

---

[4] Bastiat, Frederic. "La Ley". Centro de Estudios sobre la Libertad. Buenos Aires. 1967. pp.12- 13
[5] Lock, John. Op. Cit. Cap. VI Sec. 57
[6] Hayek, Friedrich. "Los Fundamentos de la Libertad". Unión Editorial. Madrid. 1982. pp. 288-289

Paradójicamente, es esto último lo que se ha considerado ley en nuestros países, leyes hechas a medida para beneficiar a algunos sectores sobre otros, o realizar transferencias de recursos de un grupo a otro, o simplemente modificar las reglas de juego en forma retroactiva para así cambiar los resultados no deseados de la actividad humana. Como decía Bastiat, en nuestro continente se ha producido una expoliación legal disfrazada de ley. Los decretos y reglamentos emanados de nuestros gobiernos no sólo han robado a unos para darle a otros, sino que han consagrado esto como algo deseable promoviendo de este modo una decadencia de la moral, ya que:

> Está en la naturaleza de los hombres el reaccionar contra la iniquidad de que sean víctimas. Así pues, cuando la expoliación está organizada por la ley, en beneficio de las clases que la dictan, todas las clases expoliadas tienden por vías pacíficas o revolucionarias a tener alguna participación en la confección de las leyes. Tales clases, según sea el grado de esclarecimiento a que hayan llegado, pueden proponerse dos finalidades: o quieren hacer cesar la expoliación, o aspiran a participar en dicha expoliación.[7]

Esto es lo que ha venido sucediendo en nuestros países, generando una desconfianza tal en la ley, que el ciudadano debió enfrentarse a dos opciones: obedecerla, yendo en contra de sus propios intereses o tratar de proteger sus derechos violando sus preceptos.[8] Y dadas las características de la legislación vigente en nuestros países, la segunda opción las más elegida, ya que de esta forma se protege uno de los abusos del estado. Ahora bien, cuando una sociedad adopta este tipo de actitud corre el peligro de caer en la anarquía, ya que como dice Hayek:

> Ninguna sociedad puede existir, si no impera en algún grado el respeto a las leyes, pero es el caso que lo que da más seguridad para que sean respetadas las leyes, es **que sean respetables**. Cuando la ley y la moral se encuentran en contradicción, el ciudadano se encuentra en la cruel disyuntiva de perder la noción de la moral o de perder el respeto a la ley,

---

[7] Idem. p. 16

[8] Es llamativo que algunas leyes tengan que indicar explícitamente que no deben ser violadas, como por ejemplo las leyes de controles de precios o las impositivas.

dos desgracias tan grandes una como la otra y entre las cuales es difícil elegir.[9]

En Latinoamérica a falta de una, hemos perdido las dos, y esto es lo que agravó aún más la situación, ya que el ciudadano pone en duda y suele cuestionar toda norma de comportamiento social; en consecuencia, las reglas que son fundamentales para que los individuos puedan convivir de manera pacífica no son respetadas, lo cual contribuye a que los derechos individuales sean violados sistemáticamente por las leyes emanadas de los poderes constituidos.

Para tener una idea de qué tipo de ley hemos sido víctimas deberíamos "examinar si la ley quita a alguno lo que le pertenece, para dar a otro lo que no le pertenece. Hay que examinar si la ley realiza, en provecho de un ciudadano y en perjuicio de los demás, un acto que aquel ciudadano no podía realizar por sí sin incurrir en criminalidad".[10] Si realizado el análisis, topamos con que la respuesta es afirmativa, entonces estamos en presencia de un acto delictivo consumado bajo el título de ley. Este estilo de ley, *a la Robbin Hood*, es la preferida por nuestros legisladores. Ahora bien, convendría detenerse en la moralidad de tal proceder, ya que la repetición de este tipo de conductas tiene incidencia en el comportamiento de los individuos. Henry Hazlitt, sostiene que en una sociedad libre:

El propósito del derecho y la función principal del Estado debiera ser maximizar la seguridad y la libertad y minimizar la coerción. Para el individuo, gozar de libertad significa poder actuar de acuerdo con sus propias decisiones y planes y no estar sujeto a las arbitrariedades de otro. Es verdad que no resulta posible evitar del todo la coerción. La única manera de lograr que un individuo no pueda ejercerla sobre otro es por medio de la amenaza de coerción ejercida sobre quien probablemente puede aplicarla. Esta es la función de la ley, de los funcionarios encargados de hacerla cumplir y del Estado. El Estado debe tener el monopolio de la coerción y ésta debe ser mínima. Y la coerción del Estado sólo puede minimizarse si se la aplica sin arbitrariedades ni capri-

---

[9] Hayek, F. op. cit. p. 17. El resaltado es nuestro.
[10] Idem. p. 23

chos y exclusivamente de acuerdo con las reglas generales conocidas que constituyen la ley[11]

Ahora bien, cuando la legislación y el estado exceden este marco, el tema de la moralidad pierde su objeto, ya que no tiene sentido hablar de comportamiento moral cuando el individuo está compelido a actuar según las leyes que regulan su vida. "La moral sólo puede existir en una sociedad libre..."[12], de otro modo no se puede decir que el hombre ha obrado bien (en forma moral) o mal (en forma inmoral) ya que no tuvo la opción de elegir entre una u otra. Esta distinción es un punto central dentro de la moral del capitalismo liberal versus la del sistema colectivista (en cualquiera de sus versiones), ya que de acuerdo a éste, la "moral" viene impuesta desde el gobierno de acuerdo a lo que los burócratas de turno consideran qué es bueno y qué no lo es para la sociedad en su conjunto; por el contrario, en una sociedad liberal, quien toma esa decisión es cada sujeto de acuerdo a su conciencia, con la única limitante de que su accionar no debe coartar la libertad de terceros.

Lamentablemente, en nuestros países los criterios de lo que es moral o inmoral, se manejó en otros términos. No fue la creencia de que el individuo debía ser el artífice y responsable de su propia felicidad, sino que existe la idea de una "obligación moral colectiva" por parte de aquellos que fueron capaces (con su trabajo y esfuerzo) de crear una mayor cantidad de riqueza, que los obliga a compartirla con aquellos que no han sido capaces de hacerlo. Para los que piensan de esta manera el encargado de canalizar esta "ayuda" o "solidaridad" compulsiva es el *estado benefactor*. De este modo "la nueva legislación social y económica intenta proteger al débil contra el fuerte y asegurarle una participación moderada en las cosas buenas de la vida..."[13] Es por este motivo que surge la idea de que el "Estado debe remediar todas las miserias, como si no hubiera otro remedio. Favorecen esas creencias: 1o, el mayor número de funcionarios, que naturalmente defienden al Estado; 2o, quienes aspiran a funciona-

---

[11] Hazlitt, Henry. "Los fundamentos de la moral". Bolsa de comercio de Buenos Aires. 1979. p. 418
[12] Idem. p. 420
[13] Hayek, F. op. cit. p. 321

rios, ...; 3º, los candidatos políticos, que necesitan votos y para obtenerlos prometen todo; 4º, el Parlamento que aumenta la legislación; 5º, las asociaciones gremiales, que creen que el Estado es el único árbitro satisfactorio; 6º, el periodismo siempre dócil a la opinión corriente..."[14]

Así se fue degenerando la función del gobierno, dándose por válido que el mismo debía gastar gran parte de los recursos en impulsar el desarrollo social y económico de la población. De ahí en más, la atención se fijó en cómo se distribuirían estas cargas sobre los ciudadanos que son los únicos y auténticos generadores de recursos. Así, los gobiernos se dedicaron a "perfeccionar" los métodos de expoliar a los individuos mediante la recaudación de impuestos, la emisión de deuda pública y la emisión monetaria.

En consecuencia, el estado al tomar lo que unos crearon para darle a otros que no lo han hecho, actúan en de manera inmoral por tres razones: primero, le quita al auténtico generador de riqueza utilizando, para ello, la fuerza que le fue otorgada para defender la propiedad de todos los individuos, incluida la del que está siendo expoliado; segundo, porque está creando, en el que recibe, la sensación de que no es necesario trabajar para obtener bienes; y tercero, porque al hacerlo desalienta la creación de riqueza y de bienes fundamentales para el progreso de cada una de las personas que integran la sociedad. De este modo el estado se convierte en aquello que debería combatir, es decir, en ladrón.

Otro de los medios utilizados para obtener estos recursos es el endeudamiento. Así, podemos afirmar que al utilizar la deuda como medio para financiar el gasto, lo que se hace es transferir a las generaciones futuras el costo de los bienes de los que gozamos en el presente; ya que "quienes compran títulos no están comprando ni pagando los beneficios que promete el gasto gubernamental; entregan simplemente su dinero a cambio de que el gobierno les de una rentabilidad en forma de interés durante unos períodos futuros y amor-

---

[14] Spencer, Herbert. "El hombre contra el estado". Editorial Goncourt. Buenos Aires. 1980. pp. 27-28. En cuanto a la prensa también podemos agregar que muchas veces es tentada por la publicidad del gobierno o amenazada con la clausura o expropiación si no publica lo que el gobierno quiere.

tice el principal de la deuda de acuerdo con un determinado calendario."[15]

De este modo, se tiende a perder la relación costo-beneficio, ya que primero se analiza el beneficio y luego el costo que se difiere en el tiempo por medio de una deuda. Así las cosas, el público piensa que no va a pagar todo el costo de ese bien y por este mismo motivo no va a asumir una actitud racional con respecto al análisis costo-beneficio. Esto es así porque la institución básica de la deuda está diseñada para modificar la secuencia temporal entre el pago y el costo. Con respecto al tema central que nos ocupa, podemos apreciar una notable ventaja en favor del endeudamiento versus el cobro de impuestos, porque "los políticos disfrutan gastando el dinero público en proyectos que ofrezcan a sus electores algún beneficio palpable. No disfrutan exigiendo impuestos [aunque parece que de un tiempo a esta parte, esto también les agrada] a sus electores. La norma prekeynesiana del equilibrio presupuestario servía para constreñir la tendencia al gasto, así como para mantener el gasto del gobierno más o menos dentro de los límites de renta generados por los impuestos. La destrucción keynesiana de esta norma, sin un sustitutivo adecuado, apartó definitivamente esta limitación."[16] Como consecuencia de esto, los presupuestos comenzaron a ser utilizados indiscriminadamente por los políticos de turno, lo que llevó a un crecimiento del sector público amparado en el déficit presupuestario que era cubierto por medio del endeudamiento y la expansión monetaria; esta última, es la tercera forma de obtener recursos por parte del gobierno para financiar sus *aventuras benefactoras*.

Una de las ventajas que presenta este mecanismo, con respecto a la emisión de deuda, es que al "no pagarse los intereses del dinero, y como un dólar es siempre un dólar independientemente de su fecha de emisión, la creación de dinero, a diferencia de la emisión de deuda, no exige un responsabilidad fiscal futura... [además] entre todas las formas de extracción de recursos, la inflación es tal vez la más indirecta, y es probablemente la que requiere el más alto grado de

---

[15] Buchanan, James y Wagner, Richard. "Déficit del sector público y democracia". Rialp. Madrid, 1983. pp. 27-36
[16] Idem. p. 157

sofisticación y comprensión por parte del individuo."[17] Si bien, esto último puede ser cierto para países con menos experiencia inflacionaria, en América Latina hemos acumulado un alto grado de experiencia en cuanto a cuáles son las consecuencias de la inflación en nuestros bolsillos, con lo cual cada vez es menor el beneficio que obtiene el gobierno al aplicar este mecanismo de financiamiento, aunque de todos modos sigue teniendo vigencia y en el corto plazo les resulta efectivo.

Los burócratas suelen decir que la sociedad tiene la obligación moral de proveer los medios mínimos indispensables para que los que menos tienen puedan alcanzar una subsistencia decorosa. De acuerdo con su argumento, la culpa del inequitativo reparto de la riqueza la tiene el sistema capitalista liberal, que lo único que hace es aumentar la brecha entre los que tiene y los que no tienen.[18] Por este motivo, el estado aparece como un agente redistribuidor de recursos dispuesto a realizar obras de caridad en nombre del ejercicio de la "justicia social." Nos enfrentamos en este punto con el interrogante de cuan moral es este planteo a favor de la intervención del estado. ¿Está bien que el éste realice esta operatoria? John Hospers lo explica de la siguiente manera:

> "But it's charity", they say, "and charity is good". No, it is not charity, it is robbering. Charity is a voluntary act of giving from his own surplus to what one believes is a worthy person or cause. If you think the cause is worthy, by all means give to it yourself, encourage others to do so, and from charitable organizations whose task to do so. But charity does not consist in forcing every taxpayer at gunpoint to give to x, y, and, z because you think the cause is worthy. You can make the decision for yourself, you have no right to impose it on others.[19]

Todo este tipo de actitudes van produciendo consecuencias que tarde o temprano repercuten negativamente en la sociedad, ya que se

---

[17] Idem. pp. 181, 185

[18] Este tema ha vuelto a discutirse en muchos ámbitos académicos como consecuencia de la publicación del trabajo de Tomás Piketty "Capital in the Twenty-First Century", Belknap Press, 2014.

[19] Hospers, J. op. cit. p. 299

acostumbra a un sector de esta a recibir si brindar nada a cambio. La idea de que la riqueza existe en la naturaleza esperando a ser usufructuada subyace detrás de los que promueven esta clase comportamiento por parte del estado. Para los que piensan así, los que poseedores de bienes los tienen por obra de la fortuna, la herencia o vaya uno a saber qué; casi nunca atribuyen esto al esfuerzo y al trabajo. No ven que la riqueza debe ser creada y que la naturaleza como máximo nos presenta el potencial de riqueza que sólo se convierte en algo concreto cuando el ser humano a través de su trabajo, ingenio y educación la convierte en bienes disponibles para ser utilizados por los individuos que componen la sociedad.

El estado natural del hombre es el de pobreza, y toda la riqueza que podamos encontrar en sus diversas formas es producto de la intervención de los individuos. Cuando el gobierno se apodera de ese trabajo transformado en bienes, y decide repartirlo como mejor le parece, no sólo comete un acto de robo, sino que produce algo aún peor, que es legitimar este mecanismo de expoliación, al tiempo que crea la idea de que no es necesario esforzarse para hacerse de los bienes requeridos para vivir.

Con respecto a este comportamiento del estado, y su influencia en la sociedad, Henry Hazlitt reflexiona:

> La moralidad de cada uno experimenta enormemente la influencia de la moralidad de todos y la de todos influye en la de cada uno. Cuando todo el mundo es moral, me resulta mucho más fácil serlo yo también y la presión en este sentido (por medio de la aprobación o desaprobación de los demás) es también mucho mayor. Pero si todos los demás son inmorales, debo pelear, engañar, mentir, traicionar, para sobrevivir o, por lo menos, puedo decirme que no tengo más remedio que hacerlo. Y si bien, finalmente aparecerán las fuerzas autocorrectivas, lo triste es que un medio inmoral probablemente incitará con mayor rapidez la inmoralidad en un individuo que un medio social moral estimulará su moralidad. Esa es la razón por la cual el nivel de moralidad no es nunca totalmente seguro y sólo es posible elevarlo o mantenerlo por medio de la constante vigilancia y esfuerzo de nosotros.[20]

---

[20] Hazlitt, H. op. cit. p. 256

Lamentablemente, en Latinoamérica, el medio ha tendido hacia la inmoralidad; y podríamos decir que es lógico que así haya sucedido, ya que cuando el estado está presente en casi todas las actividades del ser humano, y éste al querer desarrollar alguna actividad económica debe obtener una autorización de parte de un burócrata, entonces comienza a operar el incentivo para que el funcionario comience a pedir sobornos con el fin de "agilizar" el trámite o "autorizar" el permiso reglamentario. La trampa del sistema es que al momento de dar el soborno, el burócrata nos convierte en su cómplice. ¿Cuál es la alternativa entonces? Supongo que morirse de hambre, ya que en sociedades tan infestadas por la presencia estatal es prácticamente imposible desarrollar algún tipo de actividad sin verse inmiscuido directa o indirectamente por el estado. Por este motivo, si uno quisiera sobrevivir, entonces no le queda otra que entrar en la rueda de la corrupción, el "arreglo", la "coima" y todo tipo de artimañas que lo único que hacen es aumentar la inmoralidad del medio.

Todo esto produce consecuencias negativas para la sociedad ya que se origina una *deseconomía* en su conjunto. Este proceso fue estudiado en detalle por James Buchanan en su trabajo "Rent seeking and Profit seeking". El autor hace una diferenciación entre lo que es "búsqueda de renta" que se da en un marco institucional dirigista y "búsqueda de beneficio" que opera bajo un sistema de economía de mercado. En este último caso, el individuo busca la maximización del propio beneficio en un marco de competencia con otros que persiguen el mismo fin, en consecuencia cuando el beneficio esperado se concreta, es porque la comunidad ha elegido lo que éste ofreció al mercado, contribuyendo a aumentar los bienes de la sociedad en su conjunto. La expresión "búsqueda de renta", en cambio, es utilizada para definir el mismo comportamiento individual cuando es realizado en un marco institucional dirigista, en el cual el individuo busca maximizar sus beneficios particulares por medio de la obtención de algún tipo de prebenda o privilegio que le permita transferir sus costos al resto de la comunidad, con lo cual su beneficio particular no sólo no redunda en un beneficio para el resto de la comunidad, sino que le provoca un pérdida o *deseconomía*.

Es la "búsqueda de renta", pues, lo que ha predominado en la economía de nuestros países dado el alto grado de intervensionismo gubernamental que poseen. Tomando como base la definición de la palabra renta dada por la teoría económica, puede afirmarse que, toda vez que exista renta económica en algún tipo de actividad, la misma atraerá a los recursos disponibles de la sociedad hacia la actividad mencionada luego de realizarse los cálculos de costo de oportunidad de emplearse en otra actividad. De este modo, en una economía de mercado, la renta económica es la que motiva a los dueños de los recursos de producción y a los empresarios para producir los diferentes tipos de bienes.

Al buscar continuamente nuevas oportunidades de renta económica, estos empresarios generan un proceso dinámico de reasignación de recursos, asegurando de esta manera el desarrollo y el crecimiento económico, que es una consecuencia del carácter emprendedor de las personas que en la búsqueda de la satisfacción de sus necesidades procuran los medios de llegar al éxito, el cual en una economía de mercado se obtiene cuando se es eficiente en la provisión de bienes y servicios deseados y demandados por los demás.

Ahora bien, qué es lo que suele suceder en nuestros países: por lo general el mercado está sometido a los intereses de los grupos organizados que buscan renta a través de algún beneficio otorgado por el gobierno de turno. Supongamos que en lugar de descubrir un nuevo producto o servicio, un empresario descubre la forma de convencer al gobierno que él tiene derecho a mantener el monopolio de su actividad, y que el gobierno debe asegurarle este derecho no permitiendo la entrada de competidores en su sector. En este caso las rentas garantizadas por la acción del gobierno constituyen una mera transferencia de los recursos de los consumidores, trabajadores y otros emprendedores, hacia el empresario favorecido. Con este mecanismo la sociedad no sólo no se beneficia con un nuevo bien sino que se termina empobreciendo con la mala asignación de recursos.

Cuando se generaliza este comportamiento, los potenciales consumidores, en lugar de observar pacientemente, dedicarán todos sus esfuerzos a la práctica de "búsqueda de renta", invirtiendo tiempo, esfuerzo y capacidad humana para que el estado les otorgue algún tipo de privilegios similar. Este fenómeno no sólo se da en empresas privadas, sino que también pasa lo mismo con los organismos estatales, o inclusive se aprecia en asociaciones de consumidores que muchas veces hacen lobby para "favorecer" a los compradores promoviendo controles de precios y al comercio, ya sea prohibiendo exportaciones o poniendo barreras de entrada a productos foráneos, o a través de la búsqueda de subsidios.

En consecuencia, cuando el estado interviene en la economía tratando de corregir las inequidades que supuestamente crea el mercado, lo que hace es profundizar aún más el derroche de los escasos recursos existentes para satisfacer las ilimitadas necesidades de los individuos; primero, imposibilitando el cálculo económico debido a la distorsión de precios creada por la intervención estatal; en segundo lugar, y como consecuencia de lo primero, se produce una mala asignación de recursos, lo que implica que sectores que los demandan no los tengan disponibles, ya que los están utilizando otros que no deberían hacerlo de haberse permitido la libre elección de la oferentes y demandantes.

Lo que se debe resaltar en esta situación es que la mala asignación de recursos implica un derroche de estos. Paradójicamente, aquellos que se atribuyen un accionar moral al *dar a los que no tienen*, terminan provocando un despilfarro. Cómo es posible, entonces, que se considere moralmente superior la destrucción de riqueza que la creación de esta. En el fondo, esta es la gran contradicción del sistema intervencionista del *Estado Benefactor*. Quién puede sostener que derrochar recursos que son escasos sea algo digno de ser valorado éticamente. Con qué criterio se acusa al sistema capitalista de ser "explotador", si es precisamente el sistema que mayor cantidad de riqueza ha creado a lo largo de la historia de la humanidad. En realidad, ante las evidencias, nuestros gobernantes no tienen muchos argumentos para responder estas preguntas, salvo las ya conocidas falacias que vienen utilizando desde hace décadas, las cuales les permiten mantener su clientelismo político y económico para seguir negociando prebendas y favores a diestra y siniestra, sin lograr ninguna mejora real en la calidad de vida de la población, salvo la de aquellos que pertenecen al círculo de privilegiados.

En este contexto, entonces, el esfuerzo que debería ser aplicado a crear riqueza, se aplica a desarrollar mecanismos por los cuales se pueda acceder a una transferencia de riqueza por parte del gobierno, quien se dedica a castigar a los eficientes creadores de ésta para darla a aquellos que están dispuestos a consumirla sin haber participado en su creación. Vale destacar en este punto, que en realidad estos últimos actúan racionalmente ya que el sistema implementado en nuestros países brinda incentivos para tal comportamiento, castigando a aquellos que lo hacen de otra forma. El problema de fondo es que al generalizarse esta situación lo que se termina repartiendo en última instancia es cada vez más pobreza, ya que los pocos creadores de riqueza van desapareciendo a medida que el sistema depredador el *Estado Benefactor* se perpetúa en el tiempo.

Conclusiones

Vivimos en países económicamente estancados y sin perspectivas de progreso sostenido en el largo plazo. Las causas de este atraso no son ajenas sino propias. El sistema populista, estatista e intervencionista que se ha implantado en muchos países de América Latina creó un nuevo tipo de "moral social" que reemplazó a la ética del trabajo y el esfuerzo personal por otra en la cual el individuo se transformó en una entidad con derechos pero sin obligaciones.

De manera tal que a la sombra del *Estado Benefactor* creció un "ejército de burócratas" dispuestos a ¿satisfacer? las necesidades de los ciudadanos en nombre de una supuesta solidaridad y justicia social. Este enfoque tiene cada vez más cultores en nuestros países, y rara vez se escuchan críticas al modelo redistribucionista. Desde los ámbitos académicos y desde los medio de comunicación se nos alecciona todo el tiempo sobre la virtud del *estado benefactor* y la inmoralidad del sistema capitalista.

El avance de este enfoque ha sido tan contundente que cada vez resulta más difícil encontrar personas que acepten al sistema capitalista como moral y económicamente deseable. Bajo este contexto político, social y económico, el individuo fue absorbido por el estado, quien le provee (ineficientemente) trabajo, seguro social, comida, educación y entretenimiento. Es así, como poco a poco todo aquel que quiere progresar, se da cuenta que la única manera de hacerlo es aceptando la "lógica" del sistema. Se ha venido favoreciendo a lo largo de décadas la búsqueda de renta en lugar de propiciar la creación de riqueza. Sólo hay que mirar los índices que publica la Heritage Foundation[21] para ver la ubicación de los países latinoamericanos con respectos a otros cuyas economías son más abiertas y competitivas. De la lectura de estos índices podemos concluir que el paraíso que nos vienen prometiendo los gobiernos intervencionistas, sean del signo político que sean, no se ha alcanzado con la implantación de sus políticas. O mejor dicho, podríamos decir, para ser justo, que uno de sus postulados sí se alcanzó, como ser el de igualar a la población, pero a diferencia de lo que prometieron, en lugar de igualarla en bienestar la igualaron en pobreza. Los cual nos permite afirmar que la aplicación de un sistema que empobrece a la población es moralmente condenable, más si esto se hace a través de limitar la libertad individual y del derroche de recursos escasos.

De todos modos, más allá de este lamentable panorama, existe una alternativa de progreso para la región: promover una economía de mercado bajo un sistema capitalista. Sin tenerle miedo al término. Lo que América Latina necesita es el establecimiento de una economía liberal de mercado. Hoy en día ni los propios liberales se definen de esta forma públicamente, es tal el avance que los populistas intervencionistas han realizado, que muchos liberales parecen temerosos de catalogarse de este modo. Si aceptamos esto como un hecho, entonces la batalla está perdida. La verdadera fuerza de las ideas y la superioridad moral del capitalismo son los argumentos más contundentes que podemos esgrimir contra los *"creadores de pobreza"*.

Debemos propugnar por la libertad en todos los ámbitos de la vida, la libertad que le permite al individuo desarrollar todas sus capacidades, la libertad que respeta los derechos y las ideas de los otros. Esta "libertad no sólo significa que el individuo tiene la oportunidad y la responsabilidad de la elección, sino también que debe soportar las consecuencias de sus acciones y recibir alabanzas o censuras por ella. La libertad y la responsabilidad son inseparables. Una sociedad libre no funcionará ni perdurará a menos que sus miembros consideren como derecho que cada individuo ocupe la posición que se deduzca de sus acciones y acepte como resultado de sus propios merecimientos."[22]

---

[21] http://www.heritage.org/index/
[22] Hayek, F. op. cit. p. 106

Esta libertad es, también, la fuente generadora de riqueza. Los gobiernos que derrochan y destruyen riqueza son inmorales, porque privan a los individuos del fruto de su esfuerzo y de la posibilidad de acceder a mejores condiciones de vida. La riqueza, a pesar de lo que muchos creen, no es inmoral, siempre que se haya generado en una sociedad libre. Lo inmoral es condenarla. Quizás aquellos que la condenan lo hacen porque saben como se la procuran ellos mismos a través del favor del estado. En un verdadero sistema capitalista, la creación de riqueza no es un juego de suma cero, sino que es un juego en el que todos ganan.

HAYEK, PINOCHET Y LA DEMOCRACIA LIMITADA

Adrián Ravier

Según una encuesta a profesores universitarios de EE. UU., Friedrich Hayek se encuentra entre los cuatro economistas más influyentes del siglo pasado.[1] Basta repasar sus contribuciones científicas a diversos campos de la economía, presentadas en más de 130 artículos y 25 libros para comprender la decisión, apuntando además sus otros aportes a la filosofía política, la antropología jurídica, la historia, el derecho y otras ciencias sociales. La brillante carrera académica de Hayek concluye con el primer Premio Nobel a un defensor de la economía de mercado en 1974, al cual luego siguieron otros como Milton Friedman (1976), George Stigler (1982), James M. Buchanan (1986), Ronald Coase (1991), Gary Becker (1992), Douglass North (1993), Robert Lucas (1995), Vernon Smith (2002), Edmund Phelps (2006) o Elinor Ostrom (2009), todos los cuales en algún momento u otro declararon cierta deuda intelectual con él.

Hayek, sin embargo, es una figura polémica y anti-popular en Latinoamérica, y no lo es sólo por su crítica científica al socialismo o al Estado de Bienestar, sino por su supuesta crítica a la democracia, su apoyo permanente a las dictaduras, y en particular su apoyo a Augusto Pinochet.

Este artículo busca tratar esta temática sensible en Hayek, para lo cual deberemos apoyarnos en sus propias palabras, para ver qué grado de verdad hay en las acusaciones que recibe y entender mejor su posición.

Hayek y la democracia

Hayek fue un demócrata. Es cierto, criticó la "democracia de masas", la "democracia ilimitada", entendida como aquella situación en la

---

[1] Véase Davis, W. L., Figgins, B., Hedengren, D. And Klein, D. B., Professors' Favorite Economic Thinkers, Journals, and Blogs (along with Party and Policy Views), *Econ Journal Watch*, Volume 8, Number 2, May 2011, 126-146.

que una persona o un grupo de personas elegidas por la mayoría del pueblo, pueden atentar contra la vida, la libertad individual y la propiedad de las minorías.

Pero defendió una "democracia limitada", donde las mayorías eligen al gobierno, el que luego debe regirse mediante reglas, una Constitución, una República, las que deben preservar los derechos fundamentales de todos, incluso los que no eligieron al gobierno en cuestión. En este sentido, tomo una selección de tres párrafos de una entrevista que compartió con Álvaro Alsogaray en Buenos Aires:

> Lo que usted llama 'democracia de masas' es lo que yo he denominado 'democracia' o —mejor dicho— 'gobierno con poderes ilimitados'. Esto quiere decir que los gobiernos surgidos de una mayoría electoral, por una deformación del concepto de democracia, se consideran investidos de una autoridad sin límites y de un poder discrecional prácticamente absoluto para hacer todo lo que consideran conveniente hacer. El problema surge de que se da por supuesto que en una democracia los poderes de la mayoría deben ser ilimitados, y que un gobierno con poderes ilimitados debe usarlos para asegurar los intereses de esa mayoría. El gobierno se verá así forzado, para asegurarse el apoyo continuado de esa mayoría, a hacer uso de sus poderes ilimitados en favor de intereses especiales, esto es, de los grupos que la componen, tales como comerciantes, sindicatos, habitantes de regiones particulares, etc. Esto es especialmente visible en el terreno económico, en el cual el gobierno se verá obligado a intervenir para complacer a los grupos de la mayoría que se desean que se haga una excepción a su favor. En tales condiciones, un partido político que espera alcanzar y mantener el poder apenas tendrá más opción que la de utilizar sus poderes para comprar el apoyo de los grupos particulares. En la práctica esto significa que incluso un estadista íntegramente consagrado al interés común de todos los ciudadanos se encontrará en la necesidad constante de satisfacer intereses especiales, porque solamente así podrá retener el apoyo de la mayoría que necesita para conseguir lo que es realmente importante para él.[2]

[...] Cualquier gobierno en las condiciones que hemos comentado intervendrá en la economía no porque la mayoría sea 'intervencionista'

---

[2] Véase Hayek, Friedrich, "La inflación es la mayor amenaza contra la libertad". Entrevista realizada por Álvaro Alsogaray, Revista SOMOS, Buenos Aires, 25 de noviembre de 1977.

sino porque el partido que lo apoya no retendría la mayoría si no comprara el apoyo de grupos particulares con la promesa de ventajas especiales. Desde hace algún tiempo estoy convencido de que lo que amenaza a la economía de mercado no es únicamente el deliberado intento de las diversas especies de colectivistas para reemplazarla por un sistema planificado, ni tampoco las consecuencias de las nuevas y erróneas políticas monetarias: las instituciones políticas que prevalecen en el mundo occidental producen necesariamente un impulso en esa dirección, el cual tan solo puede detenerse o evitarse cambiando esas instituciones. Yo he llegado tardíamente a estar de acuerdo con Schumpeter, quien sostuvo hace treinta años que había un conflicto irreconciliable entre la democracia y el capitalismo, salvo que no es la democracia como tal, sino las formas particulares de organización democrática — consideradas ahora como las únicas formas posibles de democracia—, lo que producirá una expansión progresiva del control gubernamental sobre la vida económica, aun cuando la mayoría del pueblo desee conservar una economía de mercado.[3]

[...] Creo que ese problema no es sólo de ustedes [los latinoamericanos]; en mi opinión abarca a todo el mundo occidental. La democracia que durante más de cien años hemos conocido en Gran Bretaña se apoyaba en tradiciones muy arraigadas de preeminencia de los derechos individuales y de limitación de los poderes del Estado. En la medida en que esas tradiciones se han ido abandonando durante las últimas décadas, también ese país ha comenzado a experimentar los conflictos analizados.[4]

La "democracia ilimitada" en Argentina y Chile

Ejemplos de esta "práctica democrática" abundan en la historia de la humanidad, siendo Adolf Hitler el máximo representante, quien luego de ser elegido democráticamente avasalló la vida, la libertad individual y la propiedad de millones de personas.

En Latinoamérica esta "democracia ilimitada" estuvo representada por ejemplo con Juan Domingo Perón en Argentina[5] y Salvador

---

[3] Véase Hayek, Op. Cit.
[4] Véase Hayek, Op. Cit.
[5] Véase Benegas Lynch (h), Alberto, ¿Qué significa el peronismo?, en *Tras el ucase*, Fundación Alberdi, Mendoza, mayo de 2003.

Allende en Chile, siendo este último acusado por casi dos tercios de los diputados (63,3 %) "de veinte violaciones concretas a la Constitución y las leyes, entre las cuales destacaban amparar grupos armados, torturar, detener personas ilegalmente, amordazar la prensa, manipular la educación, limitar la posibilidad de salir del país, confiscar la propiedad privada, formar organismos sediciosos, violar las atribuciones del Poder judicial, el Congreso y la Contraloría, y todo ello de manera sistemática y con el fin de instaurar en Chile 'un sistema totalitario', es decir, una dictadura comunista".[6]

Tanto Juan Domingo Perón como Salvador Allende fueron sustituidos en el gobierno por dictaduras militares. En ambos casos, los sucesores decidieron terminar con la amenaza comunista, para lo cual llevaron adelante las mismas restricciones a las libertades individuales que criticaron en sus predecesores, sumando a ello, una larga lista de violaciones de los derechos humanos y desaparecidos.

Y aquí surge la pregunta clave. Si el liberalismo se define como "un sistema filosófico, económico y político, que promueve las libertades civiles" y "se opone a cualquier forma de despotismo", ¿por qué un "neoliberalismo" habría apoyado al régimen de Pinochet?

Friedman y Pinochet

Comparto con Enrique Ghersi que

[e]l término "neoliberalismo" es confuso y de origen reciente. Prácticamente desconocido en EE. UU., tiene alguna utilización en Europa, especialmente en los países del este. Está ampliamente difundido en América Latina, África y Asia. Sin embargo, esta difusión tiene poco que ver con su origen histórico. Forma parte del debate público que se produce en tales regiones, en el que la retórica —que es una ciencia autónoma— tiene un rol protagónico para darle o quitarles el sentido a las palabras.[7]

---

[6] Véase Piñera, José, "Cómo Allende destruyó la democracia en Chile", en *Una Casa Dividida: Cómo la violencia política destruyó la democracia en Chile*, Santiago de Chile: Editado por Proyecto Chile 2010, Abril 2005.

[7] Véase Ghersi, Enrique, *El mito del neoliberalismo*. Conferencia regional de la Mont Pelerin Society llevada a cabo del 18 al 21 de septiembre del 2003 en Chattanooga, Tennessee, EE.UU.

Sin embargo, entiendo que "neoliberales", según diversos autores, serían Milton Friedman y Friedrich Hayek, lo cual me habilita a hablar del pensamiento de ambos y su relación con Pinochet.

Es conocida ya la historia de que Pinochet consultó a Milton Friedman por ciertas recomendaciones de política económica. En tal sentido, Friedman viajó con su esposa a Chile en abril de 1975, y sólo unos días después escribió una carta muy difundida, en la que explicó cuáles eran los dos problemas centrales de ese país. "El problema económico fundamental de Chile tiene claramente dos aristas: la inflación y la promoción de una saludable economía social de mercado. Ambos problemas están relacionados: cuánto más efectivamente se fortalezca el sistema de libre mercado, menores serán los costos transicionales de terminar con la inflación". Seguido a esto, se detallaron las ocho medidas que el gobierno debía tomar.[8]

Desde lo moral, ¿debió Friedman aconsejar a Pinochet? Sus defensores afirman que Friedman guardaba la esperanza de que sus ideas inspiraran una transformación económica en Chile que fortaleciera a la clase media, quien luego reclamaría un retorno a la democracia.[9]

Pero ¿de dónde proviene la conexión entre Hayek y Pinochet?

Hayek y Pinochet

Investigué un poco el tema y me encontré con un interesante artículo de Carlos Rodriguez Braun, Catedrático de la Universidad Complutense de Madrid, señalando que Hayek "ni una línea dejó escrita en apoyo a Pinochet, y en cambio las escribió a miles condenando de modo tajante las dictaduras de derechas e izquierdas".[10]

---

[8] Véase Piñera, José, "Milton Friedman y sus recomendaciones a Chile", *ElCato.org*, 17 de noviembre de 2006. (Incluye carta de Milton Friedman a Augusto Pinochet, del día 21 de abril de 1975).

[9] Este argumento lo ofreció el propio José Piñera en la reunión anual de la Association of Private Enterprise Education (APEE) que tuvo lugar en la Universidad Francisco Marroquín de Guatemala, entre el 5 y el 7 de abril de 2009

[10] Véase Rodríguez Braun, Carlos, "Hayek = Pinochet", *El País Digital* (España), 4 de junio de 1999.

Dicho artículo recibió al poco tiempo una respetuosa respuesta crítica de Juan López Torres, Catedrático de Economía Aplicada de la Universidad de Málaga, quien nos recuerda unas declaraciones de Hayek al diario chileno *El Mercurio* del 12 de abril de 1981, en las que dijo: "Mi preferencia personal se inclina a una dictadura liberal y no a un gobierno democrático donde todo liberalismo esté ausente".[11]

Primera pregunta: ¿Dijo esto Hayek? Efectivamente. Una lectura completa de la entrevista así lo demuestra y finalmente disponemos de ella, gracias al esfuerzo del Institut Hayek.

Segunda pregunta: ¿En qué contexto lo dijo? Lo dijo en el contexto de la guerra fría, tiempos en los cuales surgieron varias dictaduras en Latinoamérica, especialmente en el cono Sur, y tiempos en los que Hayek visitó Chile y Argentina, entre varios otros países.

En esta entrevista en el diario *El Mercurio*, Hayek se definió como enemigo del Estado de Bienestar y la Justicia Social, y se mostró preocupado por los poderes discrecionales del Estado y los privilegios que otorga, lo cual sabía, lo convertían en una figura antipopular. Además, Hayek volvió a remarcar la distinción que señalamos arriba sobre la democracia: "Desafortunadamente, en estos tiempos las democracias están concediendo demasiado poder al Estado. Esta es la razón por la cual soy muy cuidadoso de distinguir entre 'democracias limitadas' y 'democracias ilimitadas'. Y obviamente mi elección es por las democracias limitadas".[12]

> En algunos países, las mayorías son capaces de convertirse en grupos discriminatorias que favorecen a ciertas personas en detrimento de otras. Para mí se trata de democracias ilimitadas. Por otro lado, la democracia limitada debe ser capaz de dar a los propios grupos de contribuyentes las mismas posibilidades que al resto.[13]

---

[11] Véase Torres López, Juan, "Hayek, Pinochet y algún otro más", *El País Digital* (España).

[12] Véase Hayek, Friedrich, "Leader and Master of Liberalism". Entrevista realizada por Renée Sallas, Diario *El Mercurio* (p. D8-D9), Santiago de Chile, 12 de abril de 1981.

[13] Véase Hayek, Op. Cit.

No sólo eso, en esta entrevista Hayek distingue también las tradiciones que inspiraron a Norte América y América del Sur. América del Sur no se inspiró en la línea liberal clásica británica, como fue el caso de EE.UU., sino sobre el máximo poder gubernamental. "Creo que América del Sur fue excesivamente influenciada por el tipo de ideologías totalitarias".[14]

Ahora, ¿qué podemos decir sobre la cita en cuestión? Traducir la pregunta y la respuesta completas puede arrojar algo de luz, incluso para quienes conozcan la obra de Hayek y no hayan tenido la oportunidad de leer esta entrevista:

> ¿Qué opinión, desde su punto de vista, debemos tener de las dictaduras? Bueno, yo diría que estoy totalmente en contra de las dictaduras, como instituciones a largo plazo. Pero una dictadura puede ser un sistema necesario para un período de transición. A veces es necesario que un país tenga, por un tiempo, una u otra forma de poder dictatorial. Como usted comprenderá, es posible que un dictador pueda gobernar de manera liberal. Y también es posible para una democracia el gobernar con una total falta de liberalismo. Mi preferencia personal se inclina a una dictadura liberal y no a un gobierno democrático donde todo liberalismo esté ausente. Mi impresión personal —y esto es válido para América del Sur— es que en Chile, por ejemplo, seremos testigos de una transición de un gobierno dictatorial a un gobierno liberal. Y durante esta transición puede ser necesario mantener ciertos poderes dictatoriales, no como algo permanente, sino como un arreglo temporal.[15]

Mirando los hechos desde el presente, Friedman y Hayek tuvieron cierta razón: Aun con ciertos problemas propios de otro Estado de Bienestar, Chile transformó su economía[16], abandonó la dictadura, recuperó la democracia y se encamina a ser el primer país desarrollado de Latinoamérica.

Pero desde mi punto de vista Hayek fue demasiado ingenuo. Al decir que "una dictadura puede ser un sistema necesario para un período de transición" se puede interpretar que justificó la dictadura,

---

[14] Véase Hayek, Op. Cit.

[15] Véase Hayek, Op. Cit.

[16] Véase Larraín, Felipe y Vergara, Rodrigo (Eds.), *La Transformación Económica de Chile*, Centro de Estudios Públicos, abril del 2000.

y esto es justificar las restricciones a las libertades individuales que siempre criticó, además de los desmanes por todos conocidos que provocó la dictadura militar.

¿Por qué señalo cierta ingenuidad en Hayek? Porque la entrevista siguió, y cuando Renée Sallas consultó a Hayek por otros ejemplos de "dictaduras de transición", Hayek contestó con el caso de Konrad Adenauer y Ludwig Erhardt en Alemania Occidental, un modelo de transición que está muy lejos de las prácticas ejercidas por la dictadura chilena.

No extrañará al lector mi intuición de que Hayek ignoraba lo que ocurría entonces en Argentina y Chile. Y es que las dictaduras de ambos países controlaban los medios y hasta el pueblo mismo ignoró algunos años más lo que ocurría realmente.

Reflexión final

Hayek pensaba que la democracia por sí misma, aislada, ilimitada, era un problema, y debemos coincidir con él. Esto no implica volver a las dictaduras que tantas vidas costó en Latinoamérica. Implica que debemos rodear a la democracia de otras instituciones como la Constitución, la división de poderes, reglas fiscales y monetarias, que permitan controlar el avance del Estado sobre las libertades individuales.

Concluyo señalando seis puntos que se deducen de lo dicho más arriba. 1) Hayek era un demócrata. Criticó la democracia de masas o democracia ilimitada, pero no a la democracia limitada. 2) Hayek se preocupó en toda su obra científica de filosofía política por las minorías que estaban siendo aplastadas durante esos mismos procesos democráticos, como fueron los casos de Perón en Argentina y Allende en Chile. Sus preocupaciones científicas hoy siguen siendo material de estudio a través del Public Choice o el Análisis Económico de la Política.[17] 3) Hayek no estaba de acuerdo con las dictaduras a largo plazo. 4) Hayek fue ingenuo al avalar la dictadura de Pinochet

---

[17] Véase Ravier, Adrián, "James M. Buchanan y el análisis económico de la política", *Laissez Faire* No. 30-31, Universidad Francisco Marroquín, Guatemala, marzo-septiembre de 2009.

como una transición hacia la economía de mercado y la democracia limitada. 5) Hayek fue siempre un defensor de la vida y las libertades individuales. Posiblemente no sabía lo que estaba pasando en Chile, y mucho menos habría justificado los asesinatos o los desaparecidos. 6) Como prueba del punto anterior, al hablar Hayek de una transición hacia una economía de mercado con democracia limitada, tenía en mente lo ocurrido en Alemania Occidental.

Referencias

Benegas Lynch (h), Alberto, ¿Qué significa el peronismo?, en *Tras el ucase*, Fundación Alberdi, Mendoza, mayo de 2003.

Davis, W. L., Figgins, B., Hedengren, D. And Klein, D. B., Professors' Favorite Economic Thinkers, Journals, and Blogs (along with Party and Policy Views), *Econ Journal Watch*, Volume 8, Number 2, May 2011, 126-146.

Ghersi, Enrique, El mito del neoliberalismo. Conferencia regional de la Mont Pelerin Society llevada a cabo del 18 al 21 de septiembre del 2003 en Chattanooga, Tennessee, EE.UU.

Hayek, Friedrich, "La inflación es la mayor amenaza contra la libertad". Entrevista realizada por Álvaro Alsogaray, *Revista SOMOS*, Buenos Aires, 25 de noviembre de 1977.

Hayek, Friedrich, "Leader and Master of Liberalism". Entrevista realizada por Renée Sallas, Diario *El Mercurio* (p. D8-D9), Santiago de Chile, 12 de abril de 1981.

Larraín, Felipe y Vergara, Rodrigo (Eds.), *La Transformación Económica de Chile*, Centro de Estudios Públicos, abril del 2000.

Piñera, José, "Milton Friedman y sus recomendaciones a Chile", ElCato.org, 17 de noviembre de 2006. (Incluye carta de Milton Friedman a Augusto Pinochet, del día 21 de abril de 1975).

Piñera, José, "Cómo Allende destruyó la democracia en Chile", en Una Casa Dividida: Cómo la violencia política destruyó la democracia en Chile, Santiago de Chile: Editado por Proyecto Chile 2010, Abril 2005.

Ravier, Adrián, "James M. Buchanan y el análisis económico de la política", Laissez Faire No. 30-31, Universidad Francisco Marroquín, Guatemala, marzo-septiembre de 2009.

Rodríguez Braun, Carlos, "Hayek = Pinochet", *El País Digital* (España), 4 de junio de 1999.

Torres López, Juan, "Hayek, Pinochet y algún otro más", *El País Digital* (España).

FUNCIÓN EMPRESARIAL: ENTRE IGNORANCIA Y LIBERTAD

Juan Sebastián Landoni

Introducción

El título propuesto constituye una paráfrasis del libro *Ignorancia y libertad* de Lorenzo Infantino.[1] El autor italiano muestra en su libro que, para alcanzar los mejores efectos de la cooperación social entre individuos ignorantes y falibles, nada resulta más necesario que la libertad individual.

Este trabajo intenta una aproximación al mismo tema enfocado por Infantino: la coordinación entre individuos dotados de ignorancia genuina. Como aspecto diferenciador, lo que sigue pretende introducir la función empresarial y responder por qué dicha función representa lo que Ludwig von Mises denomina la fuerza motriz del proceso económico de mercado.[2]

Comienza el desarrollo con una exposición del contexto de cooperación entre individuos ignorantes. Para ese objeto, se siguen la redefinición que hiciera Friedrich Hayek del problema económico y la concepción que Israel Kirzner llamara ignorancia pura (*sheer ignorance*).[3] Como corolario de la sección, se resalta la necesidad de determinadas instituciones que faciliten la coordinación.

Sin embargo, el corolario previo puede provocar confusión. Para resaltar la categoría de ignorancia individual, en la segunda parte, y tratando de evitar la redundancia, se generaliza su aplicación. Se considera la ignorancia de cualquier individuo y de quienes ocupan cargos directivos, de los trabajadores del sector privado y de los em-

---

[1] Infantino, Lorenzo: (1999).

[2] "La fuerza motriz del mercado, el elemento que tiende incesantemente a la innovación y al progreso, es provisto por el inquieto promotor y su ansiedad por obtener beneficios tan altos como sea posible". Mises, Ludwig: (1949, página 255).

[3] Kirzner, Israel M. (1997, página 5).

pleados del sector público, de los que lograron calificación académica y de quienes carecen de la misma. El punto de partida para este apartado se encuentra en el análisis de la "pretensión del conocimiento" que realizara Hayek.[4] Además, se analizan las posibilidades de las normas formales, las consecuencias de los intentos de planificación central y el requisito de determinadas instituciones.

La tercera sección resalta la importancia de las instituciones. En particular, de aquellas instituciones que representan un requisito para la coordinación entre anónimos que se ignoran mutuamente. Esto implica distinguir dos tipos de instituciones: las que generan orden entre los miembros de la sociedad (coordinación) y aquellas que provocan desorden (descoordinación).

Finalmente, se introduce al empresario en el contexto de información dispersa e ignorancia expuesto en la primera sección. Se busca responder al siguiente interrogante: ¿por qué la coordinación tiende a mejorar cuando se multiplican los eventos empresariales en condiciones de igualdad ante la ley y certeza jurídica, características salientes e ideales de las instituciones de Estado de derecho? Para orientar una respuesta, se intenta vincular aspectos económicos, institucionales y de psicología cognitiva.

Las palabras finales que cierran el presente artículo contienen una conclusión y un conjunto de interrogantes que podrían habilitar vías de investigación alternativas.

Ignorancia pura

El hombre aislado, como el célebre náufrago Robinson Crusoe, tiene un conjunto de necesidades y algunos conocimientos técnicos para transformar los recursos disponibles en bienes que permitan la posterior satisfacción de necesidades. Si llegara un segundo habitante a la isla, como Viernes en la historia de Daniel Defoe, podrían elegir entre dos alternativas: cooperar o no cooperar. Representan soluciones no cooperativas: iniciar una guerra que termine con uno o ambos, que uno esclavice al otro o dividir la isla con una cerca. Si deci-

---

[4] Se alude al discurso que Hayek leyera en ocasión de la recepción del premio Nobel en 1974, cuyo título es "The Pretence of Knowledge". Hayek, Friedrich A.: (1974).

den cooperar, podrían dividirse las tareas luego de manifestar sus necesidades, sus conocimientos técnicos y conocimientos sobre los recursos disponibles. Gracias a la división del trabajo, señala Adam Smith al comienzo de su trabajo fundador, ahorrarían tiempos y acumularían capacidades productivas gracias a la reiteración de tareas rutinarias.[5] Conforme avanza el tiempo, en virtud del tiempo liberado y el conocimiento acumulado, podrán introducir mejoras técnicas en los procesos productivos.

La sociedad ampliada, la de millones de habitantes, no puede replicar la experiencia de los náufragos. Resulta imposible reunir a millones de personas para que manifiesten cuáles son sus preferencias y recursos y, luego de considerar la información y el conocimiento disponibles, llevar adelante la división de tareas. Friedrich Hayek establece, en el clásico artículo de 1945, que el problema adquiere otra dimensión y complejidad.[6] En la sociedad de millones, el problema se convierte en un problema de comunicación. No se trata simplemente de dividir el trabajo sino de comunicar información que no está disponible para nadie en particular, información que se encuentra dispersa, información que dispone cada individuo y "anda suelta" en cada pequeño mundo de vida.[7] Como aspecto adicional, esa información es dinámica y cambia permanentemente. Cambian las necesidades y las formas de satisfacerlas, se descubren nuevos recursos y nuevos usos alternativos para los existentes, se desarrollan innovaciones técnicas para utilizar esos recursos más eficientemente.

Ludwig von Mises entiende respecto del problema planteado en el párrafo previo que: "Debe ser enfatizado nuevamente que el mercado está poblado por hombres que no son omniscientes y tienen un conocimiento más o menos defectuoso de las condiciones prevale-

---

[5] Adam Smith comienza su libro fundador con un capítulo denominado "On the Division of Labor". Smith, Adam: (1776, libro I, capítulo 1).

[6] Hayek, Friedrich A.: (1945, página 526).

[7] Por brevedad no se distingue entre información y conocimiento. Ludwig Lachmann considera a la información como entidades de mayor objetividad relativa y al conocimiento como pensamientos de carácter subjetivo y privado. Lachmann, Ludwig: (1986, página 49). Randall Holcombre entiende que la sabiduría supone utilizar conocimiento disponible para decidir correctamente. Holcombre, Randall: (2003, páginas 174 y 175).

cientes".[8] Para destacar el punto, Kirzner lo describe como "ignorancia pura". La ignorancia de los agentes económicos puede entenderse como el desconocimiento de lo que desconocen, i.e. ignorancia desconocida. Esto es, los individuos ignoran la dimensión de su ignorancia. Por un lado, ignoran la información dispersa entre los restantes miembros de la sociedad. Por otro, ignoran los efectos remotos de sus propios actos y de los actos de los demás.

Sintetizando, los individuos que interactúan en la sociedad forman parte de un escenario de incertidumbre estructural *a la* Frank Knight. Pueden establecer probabilidades de algunos eventos. Pero el ámbito de la incertidumbre estructural corresponde a los eventos que no son susceptibles de ser sometidos al cálculo de probabilidades. Se desconoce el evento y, por ello, no puede establecerse probabilidad alguna.[9]

¿Cómo coordinar los planes individuales en un escenario de ignorancia e información dispersa como el expuesto en los párrafos previos? ¿Cómo comunicar esa información dispersa para que los agentes "ignorantes" tiendan a tomar decisiones optimizadoras compatibles con las de otros agentes?

Podría pensarse, como primera respuesta, que el caos constituye el único corolario de un escenario como el descripto. Sin embargo, como analizara Hayek, el sistema de precios relativos cumple la función esencial de comunicar información dispersa.[10] Más específicamente, los precios surgen de la información sobre valoraciones subjetivas y sirven de *inputs* informativos para que los agentes económicos confirmen o revisen sus valoraciones. Y ante modificaciones en la información relevante, tienden a cambiar las valoraciones y a verificarse excesos de demanda u oferta que impactan en los precios.

---

[8] Mises, Ludwig: (1949, página 379). Y también, en el mismo libro, al referirse al proceso de mercado: "Existen problemas causados por el inadecuado pronóstico del futuro. Sería un don universal si cada hombre y miembro de la sociedad de mercado pronosticara siempre correctamente el futuro y actuaran de acuerdo con ello. Si este fuera el caso, no se dilapidaría una partícula de capital ni de trabajo para la satisfacción de necesidades que ahora son consideradas menos urgentes que otras insatisfechas. Sin embargo, *el hombre no es omnisciente*".[8] Mises, Ludwig: (1949, página 665), itálicas agregadas.

[9] Langlois, Richard: (1994, página 118).

[10] Hayek, Friedrich A.: (1945).

El proceso que esboza el párrafo precedente no funciona en el marco de cualquier sistema de reglas de conducta. Requiere determinadas instituciones formales e informales. Para introducir el tema, resultan fundamentos del proceso de mercado: el correcto establecimiento de los derechos de propiedad sobre los recursos, la ausencia de barreras burocráticas o legales que impidan la competencia y el cumplimiento de los contratos voluntarios. En otros términos, respeto por derechos individuales a la propiedad y libertad, las instituciones asociadas al Estado de derecho. En ese esquema institucional, tienden a maximizarse los eventos empresariales, como se intenta mostrar en la última sección.

Los empresarios, cumpliendo la función de estar alertas y asumir incertidumbre, tienden a descubrir y explotar oportunidades de negocios que propician la coordinación entre los mencionados agentes ignorantes. Pero los descubrimientos empresariales se sustentan en expectativas. Por ese motivo muchos descubrimientos, que *ex ante* eran rentables, terminan siendo destructores de valor *ex post*. Tanto los proyectos acertados como los fallidos propician aprendizajes. Los aciertos tienden a imitarse y los fracasos a abandonarse. En este proceso de ensayo y error posibilitado por la competencia en los mercados, los recursos tienden a asignarse en sus mejores usos alternativos. Con cada descubrimiento empresarial se aprovecha información vigente pero, quizás más relevante para este trabajo, se crea nueva información. En palabras de Randall Holcombe: "[...] los empresarios crean nuevas oportunidades empresariales cuando actúan sobre las existentes, entonces las acciones empresariales crean más oportunidades y más empresarialidad".[11]

Las palabras previas sugieren un proceso siempre cambiante, con tendencias equilibradoras pero también desequilibradoras, como señala Ludwig Lachmann.[12] Un proceso donde los precios, al comu-

---

[11] Holcombe, Randall G.: (2003, página 183).

[12] "Algunos procesos entre mercados son generados por mercados en desequilibrio cuando los excesos de demanda y de oferta comienzan a «derramar» hacia otros mercados. Este es, obviamente, un problema que no surge dentro de la órbita del análisis marshalliano, en el que los mercados son concebidos como aislados de fuerzas externas. Tales fuerzas de mercado cuentan para la transferencia de la presión de los excesos entre mercados. Mientras esas fuerzas ayudan a la

nicar información, brindan incentivos para la corrección, como indica Kirzner.[13] Pero acá no se busca cerrar el debate entre las dos posiciones respecto de las tendencias en el proceso de mercado. Lo que se manifiesta es que mientras el proceso genere cambios incesantemente, aumentará el volumen de información y, con ello, la ignorancia que de la misma tengan los miembros de la sociedad. Para revisar este aspecto, la siguiente sección propone revisar las implicancias de extender la ignorancia a la totalidad de los agentes económicos.

Ignorancia generalizada

Esta sección puede entenderse como una parte de la anterior, en el mejor de los casos, o como una redundancia, en el peor. Redunda en un aspecto analizado: los agentes económicos ignoran casi la totalidad de la información relevante para el proceso económico. Resulta una extensión de la sección anterior porque muestra los efectos perversos de la "pretensión del conocimiento" hayekiana y porque resalta la necesidad de un tipo particular de instituciones.

Hayek expresa en su discurso por la recepción del premio Nobel, citando a los escolásticos españoles del siglo XVI, que un precio "[...] depende de tantas circunstancias particulares que sólo Dios puede conocerlo".[14] Esto significa que la cantidad de información que impacta en un precio tiene una dimensión que la mente humana no puede alcanzar. Se trata de la información relevante sobre preferencias, recursos disponibles y conocimientos técnicos que corresponde a las particulares circunstancias de tiempo y lugar de cada individuo. Puede suponerse que cada individuo conoce sus propias circunstancias. Luego, la fracción de conocimiento disponible para

---

coordinación de aquellos mercados donde la presión es relevada también, es necesario decirlo, descoordinan actividades en aquellos en los cuales tienen algún impacto. Ambas son, entonces, fuerzas equilibradoras y desequilibradoras". Lachmann, Ludwig: (1986, página 9).

[13] "[...] la tendencia existe en cada momento en el sentido que los errores empresariales previos han creado oportunidades de beneficio que proveen incentivos para que las decisiones empresariales correctivas sean realizadas". Kirzner, Israel M.: (2000, página 31).

[14] Hayek, Friedrich A.: (1974, página 41).

un individuo, en un mundo de miles de millones de habitantes, podría representarse por un número que tiende a cero. Esta caracterización de la información y el conocimiento dispersos como fracción
infinitesimal, pone de manifiesto la ignorancia pura de los agentes
económicos. En otras palabras, ignorancia y conocimiento disperso
son dos caras de una misma moneda.

Pero la ignorancia alcanza a todos los individuos: con más o menos formación académica, con o sin poder político, con mayor o
menor ingreso real. Y los alcanza de igual modo. Respecto de la información que se encuentra dispersa, son igual de ignorantes. Cada
uno posee un conjunto de conocimientos particulares que se cir-
cunscriben a su mundo de vida. Que un laureado académico haya
leído más y pueda demostrar varios teoremas, no representa una
diferencia. Si el volumen de información tiende a infinito, la distan-
cia entre ese volumen y lo conocido por cualquier individuo también
tiende a infinito. En palabras de Hayek: "Aquellos que propugnan la
libertad difieren del resto en que se incluyen a sí mismos entre los
ignorantes e incluyen también a los más sabios".[15]

La conclusión obtenida no se modificaría si se reemplazara la palabra "sabio" por gobernante, funcionario público o planificador
social, entre otras alternativas. La ignorancia pura sigue aplicando a
cada individuo.[16] Daron Acemoglu y James Robinson llaman "hipótesis de la ignorancia" a la idea que atribuye a la ignorancia de las
autoridades públicas el "fracaso de las naciones".[17] ¿Qué ignorancia
considera esa hipótesis? Los autores sugieren que, en esa perspectiva
que ellos critican, las autoridades reguladoras desconocen cómo
corregir o evitar "fallas de mercado". Sin espacio y alejado de las
intenciones de este trabajo, la consecuencia del enfoque de fallas de
mercado resulta en mayor intervención correctora por parte del
estado. Un enfoque que tiende a omitir lo que Ronald Coase y autores de la teoría del *Public Choice* denominan "fallas del gobierno o del

---

[15] Hayek, Friedrich A. (1960, página 56).

[16] Podría pensarse, con Karl Popper, en ignorancia perenne e infinita: "[Aprendí]
que cualquiera que fuese el tipo de sabiduría a que yo pudiese aspirar jamás, tal
sabiduría no podía consistir en otra cosa que en percatarme más plenamente de la
infinitud de mi ignorancia". Popper, Karl: (1977, página 12).

[17] Acemoglu, Daron y James A Robinson (2010, página 63).

estado".[18] Según la teoría de los fallos de mercado, el mercado fracasa porque la información es imperfecta, existen productos diferenciados, los costos de transacción son positivos, algunas empresas concentran casi la totalidad de sus mercados, otros bienes y servicios no resultan rentables para el empresario en el sector privado. ¿Por qué el gobierno resuelve el problema? ¿Acaso los funcionarios y gobernantes conocen las soluciones que los agentes económicos ignoran? Responder estas preguntas implica considerar al proceso de mercado de modo diferente al modelo de competencia perfecta. Con ese modelo, los teóricos de las fallas de mercado identifican al mercado. Se trata de un modelo estático y con supuestos contrarios a la lógica del proceso de mercado. En esta última lógica, el mercado se interpreta como un proceso donde interactúan individuos mediante contratos. Y los individuos que interactúan, lejos de la concepción de conocimiento perfecto, formulan y establecen arreglos contractuales con fracciones infinitesimales de información. Los precios aparecen como cláusulas de esos contratos que vinculan a los agentes. Contratos que luego revisan en virtud de los errores y aprendizajes que generan sus decisiones previas. En ese proceso de ensayo y error, el descubrimiento de los mejores planes de acción cumple un papel sustancial. Por eso, Hayek interpreta a la competencia como proceso de descubrimiento.[19] La competencia, característica inescindible del mercado, es entendida como un proceso donde los empresarios someten a prueba sus descubrimientos.

Los resultados cambian cuando intelectuales y gobernantes intentan sustituir ese proceso de ensayo y error con intervención correctora del estado. El extremo de la planificación centralizada de una economía socialista representa un esfuerzo por asignar los recursos mediante decisiones burocráticas. Como señalara Mises, al suspender la propiedad privada de los medios de producción y reemplazarla por la llamada colectivización, desaparecen las posibilidades de realizar contratos y formar precios.[20] Sin precios de los medios de producción, el cálculo económico resulta imposible. En el razona-

---

[18] Coase, Ronald: (1964).
[19] Hayek, Friedrich A.: (1968).
[20] Mises, Ludwig: (1920).

miento de Mises sobre el cálculo económico, lo que resulta imposible es el mismo socialismo. Y los esfuerzos de los planificadores derivan en continuos excesos de oferta y excesos de demanda masivos (para ilustrar el punto: exceso de nadadores olímpicos, exceso de licenciados en ajedrez, exceso de municiones, faltante de plomeros, de trigo y de cantantes de rock, entre otros extendidos desequilibrios). En una economía de mercado, el sistema de precios tiende a incentivar la producción de aquellos bienes con mayor demanda y rentabilidad relativa. Con ese mecanismo, tienden a cancelarse los desajustes. Aunque nunca desaparecen los desequilibrios en virtud de los cambios continuos en la información relevante. Una economía socialista tiende a perpetuar los desfasajes y a incentivar conductas predatorias. Mises considera al socialismo como la "planificación del caos": "Una administración socialista de la producción simplemente desconocería si la ejecución de sus planes es o no el más apropiado medio para obtener los fines buscados. Operará en la oscuridad, por así decirlo. Desperdiciará los escasos factores de producción, tanto materiales como humanos (trabajo). El caos y la pobreza general será el resultado inevitable".[21]

Hayek, en ese mismo debate sobre el cálculo económico, entendió que las autoridades e intelectuales pretenden poseer un conocimiento que no está disponible para nadie en particular.[22] Lo que el autor austriaco denomina pretensión del conocimiento. Intentar concentrar información dispersa mediante estadísticas agregadas, implica una pérdida de información e incrementos de costos asociados a la comunicación jerárquica. Supone operar con datos históricos desactualizados y, además, la carencia de un mecanismo relativamente eficiente de actualización. Por ese motivo, en su citado discurso de 1974, Hayek realiza un llamado a la humildad: "[...] el reconocimiento de los límites insuperables de su conocimiento debiera enseñar al estudioso de la sociedad una lección de humildad que lo protegiera en contra de la posibilidad de convertirse en cómplice de la tendencia fatal de los hombres a controlar la sociedad, una tendencia que no sólo los convierte en tiranos de sus semejantes sino

---

[21] Mises, Ludwig: (1947, página 29).
[22] Hayek, Friedrich A.: (1945).

que puede llevarlos a destruir una civilización no diseñada por ningún cerebro, alimentada de los esfuerzos libres de millones de individuos".[23]

Los millones de individuos que ignoran la información dispersa, requieren determinadas instituciones para coordinar y hacer compatibles sus planes. La siguiente sección se pregunta por la relación entre instituciones e ignorancia.

Instituciones e ignorancia

La primera sección introduce una aproximación a las instituciones. El esquema institucional está constituido por el sistema de reglas que prescriben comportamientos. En la tradicional definición de Douglass North se entiende que: "Las instituciones son las reglas de juego en una sociedad o, más formalmente, son las limitaciones generadas por el hombre que dan forma a la interacción humana".[24] Esas reglas pueden ser formales o informales. Entre las primeras: las constituciones, la legislación positiva, los títulos de propiedad. Entre las informales: tabúes, sanciones sociales o códigos de conducta.[25] Elinor Ostrom considera a las instituciones como prescripciones sobre la conducta: "Prescripciones referidas a qué acciones (o estados del mundo) son *requeridos*, *prohibidos* o *permitidos*".[26] En sentido similar aunque restringido, Ludwig Lachmann entiende que las "[...] instituciones prescriben ciertas formas de conducta y desalientan otras".[27]

Las instituciones tienen sentido en el marco social. Al hombre aislado no le brindan auxilio alguno. Pero no todas las reglas promueven (incentivan) comportamientos productivos entre los miembros de la sociedad. Determinadas reglas facilitan la cooperación voluntaria entre los miembros de la sociedad, propiciando incrementos de productividad y aumentos de ingresos reales. Otras

---

[23] Hayek, Friedrich A.: (1974, página 6).
[24] North, Douglass C.: (1990, página 13).
[25] North, Douglass C.: (1991, página 97).
[26] Ostrom, Elinor: (1986, página 5), itálicas en el original.
[27] Lachmann, Ludwig: (1999, página 282).

instituciones tienden a frenar la cooperación voluntaria y sus efectos en términos de creación de riqueza.

Según el análisis de North, las instituciones producen efectos ordenadores (o desordenadores) cuando reducen (o aumentan) incertidumbre.[28] Esta función de las instituciones, la reducción de incertidumbre resulta beneficiosa para la cooperación voluntaria en virtud de la mayor predictibilidad que otorgan a la interacción humana. En otros términos, las reglas, al restringir conductas, facilitan la estimación que los individuos hacen del comportamiento ajeno. El repetido ejemplo del tránsito ilustra el punto. Si circular por la derecha es una regla instituida, arraigada en las conductas, los conductores no necesitan interpretar cada uno de los comportamientos del resto. Por ese motivo Gerald O'Driscoll y Mario Rizzo entienden que "[...] las instituciones permiten [a los individuos que interactúan] angostar el rango de posibles acciones de una clase especificable [...]".[29] Siguiendo con el ejemplo, cuando la regla de conducir por la derecha se sostiene, los conductores esperan un abanico de eventos reducido.

La alineación de expectativas resulta de mayor utilidad cuando más estables son las reglas. Cuando los comportamientos se repiten y se convierten en rutinarios, mayor es la reducción de incertidumbre y mayor la posibilidad de alinear expectativas. Las rutinas, como señalara Edith Penrose en su estudio sobre las firmas, surgen luego de largos procesos de aprendizaje y tienden a liberar recursos. Pueden ser materias primas, horas hombre u horas máquina que pueden utilizarse para atender otros fines.[30]

Sin embargo, debe notarse que determinadas rutinas resultan improductivas; lo mismo sucede con determinados usos de los recursos liberados. Los equipos de *management* de una compañía o los miembros de cualquier sociedad pueden desarrollar rutinas creadoras o destructoras de valor. Y lo que puede ser mejor para una firma o sociedad no necesariamente es beneficioso para otra. En un mismo

---

[28] North, Douglass C.: (2005, página 7).

[29] O'Driscoll, Gerald y Rizzo, Mario: (1985, página 32).

[30] Penrose, Edith: (1959), citada en Foss, Nicolai J.: (1999, página 44).

sentido, los recursos liberados pueden aplicarse a fines productivos o improductivos, tanto en una firma como en una sociedad ampliada.

Los párrafos previos consideran dos funciones de las instituciones: disminución de incertidumbre y alineación de expectativas. La clasificación se realiza con fines analíticos, dado que en el mundo real difícilmente puedan separarse, *i.e.* operan interrelacionadas. Ambas funciones, además, se encuentran articuladas con la función de proveer incentivos. Pero lo relevante para estas páginas, son los efectos sobre la cooperación entre agentes individuales que operan en contextos de información dispersa e ignorancia genuina. La merma de incertidumbre y la alineación de expectativas reducen ignorancia. Sin embargo, nuevamente, determinadas reglas pueden reducir ignorancia y no habilitar una interacción que tiende a utilizar más eficientemente los recursos.

¿De qué factores depende la cooperación "virtuosa", la utilización eficiente de los recursos y el mejor aprovechamiento de la información dispersa? Una respuesta corta, de una o pocas palabras, implica riesgos de caer en error de reducción. Los párrafos previos intentan valorar las instituciones como un sistema de reglas de conducta, formales e informales, que estructuran el esquema de incentivos para los miembros de la sociedad. Pero no todas las instituciones promueven conductas cooperadoras y productivas. ¿Qué instituciones incentivan la cooperación social productiva? Las tradiciones del liberalismo clásico, del pensamiento de la escuela austríaca y del nuevo institucionalismo económico, tienden a enfocarse en el respeto de los denominados derechos individuales. En ese pensamiento, el respeto a la vida, a la propiedad y a la libertad, como fundamentos de una sociedad, representan la trama institucional que incentivan la cooperación social.

Mises y Hayek no difieren en considerar al derecho de propiedad legítimo y a la libertad contractual como requisito para el funcionamiento de los mercados y, más trascendente, como fundamento de la sociedad libre.[31] Ambos autores resaltan la importancia de las instituciones de Estado de derecho para poner freno a la arbitrariedad de los gobernantes.

---

[31] Mises, Ludwig: (1949, página 199) y Hayek, Friedrich A.: (1960).

Lo que sigue cumple el objetivo de mostrar por qué las instituciones de Estado de derecho tienden a incentivar conductas coordinadoras entre los individuos que conforman la sociedad. En concreto, por qué el Estado de derecho tiende a aumentar los eventos empresariales y facilitar la cooperación entre individuos con los niveles de ignorancia considerados.

Estado de derecho, ignorancia y coordinación

Mises entiende que la función empresarial consiste en asumir incertidumbre. Por eso observaba un elemento empresarial en cada ser humano.[32] Si planear para actuar implica especular respecto de resultados futuros, al hacerlo, los individuos se comportan empresarialmente. Sin embargo, cuando piensa en la función empresarial como la fuerza motriz, estrecha su definición y considera al empresario-promotor: un agente de innovación y progreso.[33]

En el enfoque de Kirzner, los empresarios cumplen la función de estar alertas para el descubrimiento de oportunidades de negocios. Tanto el arbitraje, espacial o temporal, como la innovación, constituyen oportunidades de negocios. Aunque de distinto modo, cada una de esas oportunidades surge de diferencias de precios. Los mercados subvaluados tienen lugar cuando se puede adquirir bienes o servicios a determinados precios y vender esos productos a precios mayores. Esos mercados subvaluados consisten en el objeto del

---

[32] "El término empresario usado en la teoría cataláctica significa: hombre actuante exclusivamente visto desde el aspecto de la incertidumbre inherente a cada acción. Al usar este término jamás debe olvidarse que cada acción se halla siempre situada en el flujo del tiempo y entonces involucra una especulación. Los capitalistas, los terratenientes y los trabajadores son por necesidad especuladores. Lo mismo especula el consumidor al prever anticipadamente sus necesidades futuras". Mises, Ludwig: (1949, página 252 y 253).
[33] Ver cita de Mises en nota 2. Esta aproximación puede confundirse con la realizada por Joseph Schumpeter. Con excepción del ejercicio de la Economía de Giro Uniforme, Mises entiende al mercado como proceso. No observa al empresario como el que inicia la "destrucción creadora" y rompe el equilibrio vigente. Schumpeter, Joseph A.: (1942, página 118). Adicionalmente, Mises estudia las categorías de empresario puro, sin capital, y de empresario capitalista. Mises, Ludwig: (1949, página 253).

alertness empresarial. Como se compran bienes y servicios en el presente para venderlos en el futuro, la incertidumbre sigue siendo inseparable de la empresarialidad.[34] Para ambos, Mises y Kirzner, la competencia y la empresarialidad son categorías inseparables. Entienden la competencia como ausencia de barreras legales o burocráticas a la entrada de nuevos empresarios (y salida de los establecidos). En el marco de este concepto, imponer barreras exógenas al mercado implica frenar la empresarialidad. Implica impedir que los descubrimientos empresariales sean aprovechados (sean de entrada o de salida). Si los descubrimientos empresariales son luego explotados y "premiados" con ganancias, se considera que resultan coordinadores. En el caso de un empresario que compra al por mayor y vende luego al por menor, coordinan los mayoristas con los minoristas. En caso de transformar técnicamente recursos en bienes, los propietarios de recursos que compra el empresario coordinan con los clientes de los productos transformados que el empresario vende.

¿Cuál es la relevancia de esta coordinación? Se trata de una coordinación entre anónimos que se ignoran mutuamente (en la inmensa mayoría de casos). El empresario compra a propietarios de recursos y vende a consumidores de bienes intermedios o bienes de consumo. Aquellos propietarios de recursos y los consumidores, generalmente, se ignoran entre sí.

En una economía de alta intensidad relativa de capital, se alarga la secuencia de empresarios que venden a otros empresarios. Se extiende la cantidad de etapas de producción para alcanzar la oferta de bienes y servicios de consumo. Como efecto se verifica una mayor productividad y un aumento en la cantidad de bienes y servicios de consumo, i.e. aumenta su oferta. Además, se liberan recursos para producir nuevos bienes y servicios, aumentando la variedad de productos en oferta. Recursos que se liberan para producir bienes de producción y bienes de consumo. La división del trabajo se amplía tanto social como técnicamente, horizontal y verticalmente, en la terminología de la organización industrial.[35] El proceso adquiere

---

[34] Kirzner, Israel M.: (1985, páginas 84 y 85), itálicas en el original.
[35] Tarziján, Jorge y Paredes, Ricardo: (2006).

mayor complejidad por doble vía: por una mayor cantidad de etapas de producción, hasta llegar a los bienes de consumo, y por una mayor variedad de bienes tanto de capital como de consumo.

Como resultado, se verifica un crecimiento de la información y conocimiento utilizados en la sociedad.[36] Aumenta la información sobre valoraciones, sobre recursos disponibles y sus posibles usos, y aparecen nuevos conocimientos técnicos. Ante el incremento en la cantidad de bienes, aparecen nuevos mercados y precios.[37] El impacto en la cantidad de precios se amplifica al considerarse los mercados de bienes y servicios de consumo, los mercados de bienes y servicios de producción y los mercados de ahorros. Con el crecimiento en los volúmenes de información y conocimiento, se potencian su dispersión y la ignorancia por parte de los participantes del proceso. Pero también se verifica una mayor cantidad de intercambios y, al extenderse la división del trabajo, una mayor cooperación entre individuos cuya ignorancia tiende a infinito.[38] En una gráfica de red se comprueba mayor cantidad de vínculos (intercambios) entre los nodos (individuos).[39] Al aumentar las conexiones se eleva la densidad de la red, i.e. tiende a maximizarse el número de contactos posibles.[40]

La función empresarial adquiere especial relevancia para la coordinación entre individuos en el contexto descripto. Sin individuos alertas y dispuestos a enfrentar incertidumbre no habría descubrimientos de negocios que provoquen la coordinación entre oferentes de recursos y demandantes de bienes. En la gráfica de redes se observaría un conjunto de nodos aislados, sin vínculos entre sí, sirva la redundancia. En otros términos, no habría vínculos ni red. En el sentido de la teoría de redes, John Foster redefine al empresario como un agente especializado en realizar vínculos.[41]

---

[36] Butos, William: (2003).

[37] Ponton, Rogelio: ().

[38] Popper sostiene respecto de la ignorancia infinita: "Cuanto más aprendemos sobre el mundo, y cuanto más profundo es nuestro conocimiento, tanto más consciente, específico y articulado será el conocimiento de nuestra ignorancia [...] nuestro conocimiento solo puede ser finito, mientras nuestra ignorancia no puede menos que ser, por necesidad, infinita". Popper, Karl: (1963, página 56).

[39] Barabási, Albert-László: (2002).

[40] Granoveter, Mark: (2005).

[41] Foster, John (2004).

La tendencia a la coordinación opera luego de los descubrimientos y explotaciones de oportunidades por parte empresarios en estado de alerta. De otro modo, el proceso inicia con empresarios alertas, continúa con descubrimientos, sigue con la realización de los negocios y, en caso de acertar, la coordinación. El estado de alerta como causa y la coordinación como consecuencia. La mayor parte del programa de investigación de Kirzner está orientado a explicar lo que sintetizan los párrafos precedentes: la función empresarial y sus consecuencias en términos de coordinación. Ese análisis se desarrolla en el ámbito de la teoría del proceso de mercado, donde se consideran los aspectos técnicos e institucionales del mismo. Sin embargo, el programa de Kirzner abre variadas posibilidades de investigación. Entre otras, el estudio de la psicología empresarial, la investigación sobre aspectos biológicos o neurológicos del empresario, la aproximación cultural o antropológica.[42]

Algunas de esas posibilidades han sido exploradas. Lo que sigue se divide en dos apartados.[43] El primero intenta mostrar una investigación sobre los antecedentes psicológicos del *alertness*. En el segundo se realiza una aproximación a los probables efectos de las instituciones de Estado de derecho sobre la psicología empresarial.

Aproximación a la psicología empresarial

David Harper realiza uno de los esfuerzos por integrar el enfoque kirzneriano a otras disciplinas. En su libro *Foundations of Entrepreneurship and Economic Development*, dedica un capítulo al estudio de las causas y fundamentos del estado de alerta.[44]

Según Harper, en investigaciones de psicología cognitiva, las creencias personales de agencia explican las diferencias en el *alertness*

---

[42] Un ejemplo de los diferentes enfoques puede encontrarse en *The Oxford Handbook of Entrepreneurship*, editado por Casson, Mark; Yeung, Bernard; Basu, Anuradha et al (2006). Para una aproximación antropológica, Chamlee-Wight, Emily: (1997).

[43] Parte de estos apartados se desarrollan en Landoni, Juan Sebastián: (2012).

[44] Harper, David: (2003, capítulo 3). Mario Rizzo considera el esfuerzo de Harper como "[...] the first unified analysis of the factors affecting entrepreneurship [...]". Rizzo (2009), página 6.

individual. Esas creencias se definen como expectativas subjetivas acerca de los efectos que una persona puede producir. En sentido similar, se las identifica con la capacidad del individuo para ejercer poder sobre lo que sucede en su propia vida.[45]

En el enfoque de Harper, existen dos creencias relevantes para explicar el nivel de *alertness* individual: *Locus of Control* y *Self-Efficacy*. La primera desarrollada por Julian B. Rotter y la segunda por Albert Bandura.[46]

Con *Locus of Control* (LOC) se identifica a la creencia en el vínculo entre ciertas acciones y los resultados de esas acciones. De este modo, se distinguen personas con LOC externo y con LOC interno. Los denominados "externos" tienden a atribuir a causas externas lo que sucede en su entorno (ejemplos: destino, suerte, azar, fuerzas poderosas). Los "internos" tienden a observar un vínculo cercano entre sus acciones y los resultados de estas. Además, tienden a considerarse responsables de su vida.

El *Self-efficacy* (SE) es una creencia acerca de lo que el individuo mismo puede hacer, la creencia en las capacidades propias para ejercer control sobre los eventos y alcanzar objetivos propuestos. No implica simplemente disponer de cierta capacidad, sino la creencia individual sobre la posibilidad de usar esa capacidad del modo requerido.[47]

Puede expresarse la proposición de Harper en torno al LOC y al SE del siguiente modo: cuando los individuos están más convencidos que los beneficios y los resultados económicos son largamente contingentes a ciertas acciones en un contexto particular (LOC interno) y cuando más confianza tienen en sus conocimientos y capacidades para llevar a cabo exitosamente ciertas tareas y planes empresariales en determinados escenarios (alta *Self-efficacy*), más afinado y sostenido será su estado de alerta a las oportunidades.[48]

---

[45] Harper (2003), página 36.
[46] Ambos investigadores en psicología cognitiva. Julian Rotter en las Universidades de Ohio y Connecticut, y Albert Bandura en la Universidad de Standford.
[47] Harper (2003), página 46.
[48] Harper (2003), página 53.

Estado de Derecho y empresarialidad

Harper no se detiene en los determinantes psicológicos del *alertness*. Se pregunta además por los factores que impactan en las creencias de agencia. Como respuesta desarrolla los efectos de una compleja matriz de elementos institucionales sobre las creencias LOC y SE. Analiza a lo largo de tres capítulos, los efectos de la cultura y de instituciones económicas y jurídicas.[49]

En este apartado se aproxima el impacto de las instituciones de Estado de Derecho sobre la empresarialidad. Como definición operativa, se entiende el Estado de Derecho como el marco institucional de una sociedad abierta. Un marco para el respeto de la libertad y la propiedad. Se considera al Estado de Derecho como contrario a la arbitrariedad y capricho de los gobernantes.[50] Además, las normas en un Estado de Derecho deben cumplir requisitos de generalidad, igualdad y certeza.[51]

Comenzando por el final del párrafo anterior, se analiza la relevancia de la certeza jurídica para afinar el *alertness* individual. Si la ley estuviera sometida a cambios erráticos o permanentes, las posibilidades de predecir se verían reducidas. La certeza de la ley no implica

---

[49] Deirdre McCloskey discute la hipótesis que señala a las instituciones como causa del progreso económico. En su análisis, cambios culturales que modifican la retórica y la forma de considerar a los burgueses sería la explicación más relevante. McCloskey, Deirdre: (2010).

[50] Afirma Hayek al respecto: "En primer lugar subrayaremos que, puesto que el imperio de la ley significa que el gobierno nunca debe ejercer coacción sobre el individuo excepto para hacer cumplir una ley conocida, ello constituye una limitación a los poderes de todo gobierno, sin excluir al poder legislativo". Hayek, Friedrich A.: (1960, página 282 y 283).

[51] Continúa Hayek al respecto: "Se trata de una doctrina concerniente a lo que la ley debe ser, referente a los atributos que las leyes particulares deben poseer. Esto es particularmente importante porque en la actualidad la concepción del imperio de la ley es confundida a veces con el requisito de la mera legalidad en todo acto de gobierno. El imperio de la ley presupone obviamente completa legalidad pero no es suficiente: si una ley otorga al gobierno poder ilimitado para actuar a su gusto, todas sus acciones serán legales pero no estará ciertamente bajo el imperio de la ley". [...] El imperio de la ley no es entonces una regla legal, sino una regla respecto de lo que la ley debe ser, una doctrina meta-legal o un ideal político. Solo será efectivo si el legislador se siente limitado por él". Hayek, Friedrich A.: (1960, página 283).

rigidez sino predictibilidad de la misma. Resulta esencial para que los empresarios puedan elaborar planes y luego explotar sus descubrimientos. Cuanto mayor sea el plazo de los proyectos mayor será el efecto nocivo.[52] Algunos proyectos viables al momento de lanzarse podrían arrojar menores beneficios o pérdidas por la volatilidad legal. De este modo, al propio riesgo de negocio y el sector de actividad, se agrega un factor de riesgo institucional que altera el cálculo económico y disminuye su valor potencial. Como consecuencia, la estructura productiva puede contraerse a las primeras etapas de producción, las etapas cercanas al consumo presente.

Pero el cambio repentino y constante disminuye la capacidad de los empresarios para juzgar eventos futuros y atentan contra el estado de alerta. El LOC tiende a hacerse externo y el SE tiende a caer en virtud de la incertidumbre jurídica. Los movimientos normativos, en ocasiones con efectos retroactivos, alteran las creencias de agencia. El LOC se torna externo cuando los empresarios observan que los beneficios no dependen de sus descubrimientos sino de las modificaciones de las normas (un elemento externo fuera del control del empresario). El SE disminuye porque los individuos pierden confianza en sus decisiones y las consecuencias de estas.[53]

Insistir en la estabilidad legal exige aclarar que la certeza se refiere, en este contexto, a los fundamentos constitucionales. Un sistema institucional se conforma de reglas constitucionales, operativas y normas informales.[54] Las normas operativas pueden cambiar con cierta frecuencia sin afectar, o con efectos despreciables o menores, los niveles de *alertness*. Para el ejercicio de la función empresarial y para el proceso económico de mercado se requiere estabilidad en el respeto a los derechos de propiedad y a la libertad contractual. En relación con la certeza de los derechos individuales, sostiene Hayek: "Probablemente, no exista otro factor que haya contribuido más a la

---

[52] Bruno Leoni entiende que la certeza deja "[...] la posibilidad abierta a los individuos de hacer planes a largo plazo basándose en una serie de normas espontáneamente adoptadas por la gente en comunidad, y realmente comprobadas por los jueces durante siglos y generaciones". Leoni, Bruno: (1961, página 123).

[53] Harper, David A.: (2003, página 71).

[54] Hayek, Friedrich: (1960, página 243).

prosperidad de Occidente que la relativa certidumbre de la ley que ha prevalecido aquí".[55]

En el mismo sentido del análisis previo, se considera ahora la igualdad ante la ley, la generalidad y abstracción de la ley y su impacto en la empresarialidad. Las normas son generales y abstractas si no contienen referencias a individuos o agrupaciones, lugares, objetos o momentos particulares; proveen el marco pero no el contenido de las acciones. Aplican igualmente en los miembros de la sociedad, sin discriminaciones ni imposiciones referidas a particulares acciones ni condiciones de tiempo y lugar. Por no especificar condiciones y carecer de contenidos, las normas abstractas y ciertas habilitan acciones diversas e impredecibles. En ese marco legal, los descubrimientos empresariales forman parte de esas acciones, tanto los realizados por empresarios establecidos como los que llevan adelante nuevos empresarios. Harper expresa al respecto: "Como no es posible identificar a los empresarios *ex ante* (al menos para cualquier oportunidad de mercado aún sin descubrir), es esencial que el esquema institucional provea a cada persona con el máximo de libertad empresarial compatible con igual libertad para todos los demás individuos".[56]

¿Qué impacto se espera en el estado de alerta de la ausencia de abstracción y generalidad? Normas concretas que califican a algunos y descalifican al resto, tienden a atentar contra la empresarialidad. Los individuos tienden a percibir que los resultados de ciertas acciones dependen del entramado regulatorio, un elemento externo. Con efectos negativos sobre LOC y SE, tiende a mermar el sentido de alerta y la empresarialidad.

El aspecto restante que la ley debe cumplir en un Estado de Derecho es la igualdad. Un atributo que se entiende como ausencia de privilegios individuales o grupales, privilegios que benefician a una persona o agrupación a expensan del resto.[57] En ese contexto institu-

---

[55] Hayek, Friedrich A.: (1960, página 208).

[56] Harper, David A.: (2003, página 69).

[57] *Isonomía* expresa "igualdad de las leyes para toda clase de personas". Hayek e Infantino consideran que la noción surge en la Atenas de Solón, siglo VII antes de Cristo, como idea opuesta a tiranía. Hayek, Friedrich A.: (1960, página 218 y 219) e Infantino, Lorenzo: (1999, página 46).

cional, los consumidores, propietarios de recursos y empresarios compiten como iguales legales.[58] Lo que en términos jurídicos y políticos se señala como igualdad ante la ley, tiene su correlato en el proceso económico como competencia. Competencia ampliada a todos los agentes económicos, no solamente a empresarios que demandan recursos y ofrecen productos. Para los fines propuestos en este artículo, la igualdad ante la ley constituye la expresión de la libertad económica. Una regla necesaria para comerciar y para competir entrando y saliendo de los diversos sectores de actividad o mercados. Pero también, aunque resulte redundante, para elegir productos y negocios, contratar voluntariamente, expresar ideas, promocionar o publicitar, asociarse con otros individuos, mantener ideas en privado y elegir con quien compartirlas, investigar e innovar.

¿Qué efectos pueden esperarse de la igualdad ante la ley sobre el LOC y SE y, luego, en la capacidad de estar alerta para descubrir? Si la igualad opera como competencia ampliada, ejerce sobre los empresarios cierta presión a continuar alertas. Los que no lo hicieran, pueden sufrir pérdidas y, si no las revierten, salir del negocio. Ese impacto en el estado de alerta proviene de la mejora en las expectativas, o creencias de agencia. En otros términos, al ampliarse el campo de acción gracias a la igualdad, los empresarios tienden a verificar que existe conexión entre sus actos y las consecuencias de estos.

Cuando las autoridades públicas violan la igualdad ante la ley imponiendo privilegios, surgen incentivos a la búsqueda de rentas monopólicas. Esto representa desvíos de recursos hacia prácticas de cabildeo (*lobbing*) y el proceso tiende a sufrir mermas de eficiencia por tales usos improductivos.

Para analizar esas conductas, William Baumol acuña las expresiones de empresarios improductivos y destructivos.[59] En palabras de Juan Carlos Cachanosky: "El pseudoempresario es el que busca poner barreras legales a la competencia, el empresario es el que busca barreras a la competencia mediante la diferenciación de sus productos y la reducción de los costos".[60]

---

[58] Harper, David A.: (2003, página 71).
[59] Baumol, William J.: (1990, página 895).
[60] Cachanosky, Juan C.: (1999, página 187).

Parafraseando a Kirzner, si empresario y competencia resultan categorías inseparables, también los son pseudoempresario y monopolio.[61] Las pérdidas de bienestar aparejadas por los buscadores de rentas no se limitan a los recursos despilfarrados sino que se potencian cuando consiguen los privilegios. Con el nuevo esquema de incentivos negativos, los aspectos psicológicos del *alertness* reciben ambos impactos. El LOC tiende a exteriorizarse en virtud de la decisión burocrática sobre ganadores y perdedores. Y el SE cae porque los individuos pierden confianza en sí mismos.

La denominada "inflación legislativa" altera la certeza e igualdad de la ley, *i.e.* atenta contra Estado de Derecho. Cuando los poderes político, legislativo y judicial se extralimitan y quebrantan derechos de propiedad legítimos y la libertad contractual, la empresarialidad sufre consecuencias nocivas por diferentes vías. En primer lugar, al cerrarse posibilidades de explotar descubrimientos de arbitraje e innovación. Segundo, al cambiar la legislación, aparece un tipo de empresario que explota rentas provenientes del cambio normativo, generalmente de corto plazo. Y tercero, al aparecer una "selección adversa" de empresarios que migran hacia sectores informales o hacia marcos institucionales de Estado de Derecho o cercanos.[62]

Los efectos nocivos se verifican en la estructura productiva y la capitalización de la economía. Tienden a cristalizarse descubrimientos de corto plazo, baja inversión y escala de producción. Estas tendencias terminan dañando la productividad y los ingresos reales. Una economía de estas características puede denominarse "kiosk-capitalista", donde se atienden por lo general mercados domésticos y

---

[61] Puede considerarse como objeto la competencia por obtener rentas, como hicieran Anne Krueger y Gordon Tullock. Sin embargo, aunque tenga cierto sentido, la competencia implícita en la igualdad ante la ley no incluye la búsqueda de privilegios. Para dividir conceptualmente, la práctica de los buscadores de rentas se entiende en este texto como una práctica monopólica. Krueger, Anne: (1974, páginas 291 a 295) y Tullock, Gordon: (1967, páginas 224 a 232).

[62] Ronald Gilson y Bernard Black confirman: "El éxito de los emprendedores inmigrantes en países con fuertes sectores de capital de riesgo (por ejemplo, inmigrantes rusos en Israel o inmigrantes asiáticos en Estados Unidos) sugiere que los empresarios emergerán si se dispone de la infraestructura institucional necesaria para impulsarlos". Gilson, Ronald y Black, Bernard: (1999, página 270).

se ven limitadas las posibilidades de alcanzar mercados de mayor volumen.[63]

Palabras finales

El trabajo de Harper estudia exhaustivamente los efectos de las violaciones al Estado de Derecho. Su análisis incluye un debate sobre la discrecionalidad de las instituciones políticas y de la política macroeconómica de índole monetaria y fiscal.[64] Para cada caso considerado, profundiza en los impactos sobre los derechos individuales. Y, a través de los derechos de propiedad legítimos y la libertad contractual, intenta explicar finalmente las consecuencias en el *alertness* individual. Adicionalmente, presenta un paquete de políticas públicas acorde a los principios de Estado de Derecho, pensando en potenciar la empresarialidad en el proceso de mercado.[65]

La síntesis presentada aquí presentada busca integrar ese análisis de la empresarialidad y las instituciones, por un lado, con las posibilidades de coordinación entre individuos que interactúan en contexto de información dispersa e ignorancia genuina, por otro.

El Estado de Derecho, al abrir el espacio a insospechadas conductas con el requisito de respetar derechos individuales, maximiza las posibilidades de cooperación entre individuos anónimos. Cada traba o escollo para la realización de planes individuales legítimos, que no afectan derechos de terceros, representa una caída de esas posibilidades. Cuanto más cerca se encuentre la sociedad del ideal de Estado de Derecho, más probable será que los empresarios tiendan a descubrir negocios coordinadores.

Los empresarios que aciertan coordinan preferencias y expectativas de propietarios de recursos y consumidores que se ignoran mutuamente. Para ilustrarlo, basta preguntarse quiénes produjeron la computadora donde se escriben y leen estas páginas, quiénes produjeron el software, quiénes realizaron el transporte del bien, etc. El

---

[63] Skidelsky, Robert: (2000).
[64] Harper (2003, capítulos 4, 5 y 6).
[65] Harper (2003, capítulos 8).

corolario indica que la Great Society de Adam Smith consiste en una sociedad donde cooperan anónimos que se ignoran entre sí.[66] Es necesario señalar que también existen pronósticos fallidos, empresarios que no aciertan y realizan pérdidas de valor económico. En un escenario de libertad contractual, tienden a aprender y corregir sus estimaciones. En otros términos, tienden a imitar a los empresarios del párrafo previo. Pero estas tendencias requieren instituciones de Estado de Derecho como plataforma para realizar la libertad o, en palabras de Hayek, la concepción de la ley de la libertad.[67] Con esto, los individuos con diferentes creencias, valoraciones, recursos disponibles y conocimientos técnicos disponen lo necesario para realizar sus esfuerzos coordinadores. Hayek, nuevamente, afirma: "La libertad es esencial para dar cabida a lo imprevisible e impronosticable: la necesitamos porque hemos aprendido a esperar de ella la oportunidad de llevar a cabo muchos de nuestros objetivos. Puesto que cada individuo conoce tan poco y, en particular, dado que rara vez sabemos quién de nosotros conoce lo mejor, confiamos en los esfuerzos independientes y competitivos de muchos para hacer frente a las necesidades que nos salen al paso".[68]

Es posible pensar en acciones y tendencias coordinadoras de millones de individuos con fracciones distintas e infinitesimales de conocimiento en un contexto donde la libertad y la propiedad legítimas sean respetadas. Además, bajo un Estado de Derecho, se ponen en marcha los mecanismos de acumulación de capital y se afinan las capacidades empresariales. Por doble entrada, tienden a aumentar los ingresos reales (primero, mayor tasa de capitalización, i.e. mayor demanda de recursos, y segundo, mayor productividad y oferta de productos con calidad diversa y precios menores).

Pero el Estado de Derecho constituye un ideal político para el orden de una sociedad. Y Lorenzo Infantino advierte al respecto: "La lucha profunda, en la que desde la antigüedad ateniense se halla implicado el hombre, es la lucha entre quienes, considerándose igno-

---

[66] Smith, Adam: (1759, página 229).

[67] Hayek, Friedrich A.: (1960, página 195 y 196).

[68] Hayek, Friedrich A. (1960, página 56). Luego sentencia: "Aquellos que propugnan la libertad difieren del resto en que se incluyen a sí mismos entre los ignorantes e incluyen también a los más sabios".

rantes y falibles, creen en la necesidad de la libre cooperación social y quienes, por contrario, temen la libertad y la combaten en nombre de un conocimiento superior, del que ellos mismos se declaran portadores. El reconocimiento de nuestra ignorancia y de nuestra falibilidad nos ha llevado a vivir en la tolerancia, a hacer posible la convivencia entre sujetos partidarios de diferentes concepciones filosóficas y religiosas del mundo".[69]

Quizás la alternativa de investigación más prolífica que se desprende de estas páginas, se encuentre en el estudio de los consensos requeridos para una sociedad libre. Una investigación que lleva milenios. Y donde quedan espacios para que nuevas disciplinas realicen sus aportes (por ejemplo, la psicología y la neurociencia).

Con avances e integraciones de diferentes enfoques pueden esperarse progresos en la compresión de la cooperación pacífica en una sociedad democrática con tolerancia de las diferencias individuales. Como señala Alberto Benegas Lynch (h.): "En definitiva, [...] democracia económica a través del mercado y democracia política a través del orden jurídico, son requisitos indispensables para el auténtico progreso del individuo y de la sociedad en su conjunto".[70]

Referencias

Acemoglu, Daron y James A Robinson (2012): *Why Nations Fail: The Origins of Power, Prosperity and Poverty*. New York: Crown.

Barabási, Albert-László (2002): *Linked: How Everything Is Connected to Everything Else and What It Means for Business, Science, and Everyday Life*. Nueva York: Penguin Books (2003).

Baumol, William J. (1990): "Entrepreneurship: Productive, Unproductive and Destructive", *Journal of Political Economy*, Vol. 98, No. 5, Parte 1.

Benegas Lynch (hijo), Alberto (1972): *Fundamentos del análisis económico*. Buenos Aires, Eudeba (1982).

---

[69] Infantino, Lorenzo: (1999, página 264).
[70] Benegas Lynch (h.), Alberto: (1978, página 331).

Boettke, Peter J. y Coyne, Christopher J. (2003): "Entrepreneurship and Development: Cause or Consequence?", en Koppl, Roger (ed.), *Advances in Austrian Economics*, Vol. 6, Oxford: Elsevier Science.

Butos, William N. (2003): "Entrepreneurship and the Generation of Knowledge", en Koppl, Roger (ed.): *Advances in Austrian Economics*. Oxford: Elsevier Science.

Cachanosky, Juan C. (1999): "Value Based Management", *Libertas* 30.

Casson, Mark; Yeung, Bernard; Basu, Anuradha et al (eds.) (2006): *The Oxford Handbook of Entrepreneurship*. Oxford: Oxford University Press.

Chamlee-Wight, Emily (1997): *The Cultural Foundations of Economic Development: Urban Female Entrepreneurship in Ghana*. Londres: Routledge.

Coase, Ronald (1964): "The Regulated Industries: Discussion", *American Economic Review*, Vol. 54, No. 2.

Foster, John (2004): "From Simplistic to Complex Systems in Economics", *School of Economics*, The University of Queensland, Discussion Paper No 335, October 2004.

Gilson, Ronald y Black, Bernard (1999): "Venture Capital and the Structure of Capital Markets: Banks versus Stock Markets", *Journal of Financial Economics*, Vol. 47.

Granovetter, Mark (2005): "The impact of social structure on economic outcomes". *Journal of Economic Perspectives*, 19(1), 33–50.

Harper, David A. (2003): *Foundations of Entrepreneurship and Economic Development*. Londres: Routledge.

Hayek, Friedrich A. (1945): "The Use of Knowledge in Society", en Hayek, Friedrich A.: (1948) *Individualism and Economic Order*. Chicago: University of Chicago Press. Originalmente publicado en *The American Economic Review*, Vol. 35, No. 4.

Hayek, Friedrich A. (1960): *The Constitution of Liberty*. Chicago: University of Chicago Press.

Hayek, Friedrich A. (1968): "Competition as a Discovery Procedure", *The Quarterly Journal of Austrian Economics*, Vol. 5, No. 3, (2002).

Hayek, Friedrich A. (1968): *Nuevos estudios de filosofía, política y economía*. Madrid: Unión Editorial (2007).

Hayek, Friedrich A. (1974): "The Pretence of Knowledge", discurso en memoria de Alfred Nobel http://www.nobelprize.org/nobel_prizes/economic-sciences/laureates/1974/hayek-lecture.html.

Holcombe, Randall G. (2003): "Information, Entrepreneurship, and Economic Progress", en Koppl, Roger (ed.), *Advances in Austrian Economics*, Vol. 6. Oxford: Elsevier Science.

Infantino, Lorenzo (1999): *Ignorancia y libertad*. Madrid: Unión Editorial (2004).

Kirzner, Israel M. (1979): "Knowing about knowledge", en Kirzner, Israel: *Perception, Opportunity and Profit*. Chicago: University of Chicago Press.

Kirzner, Israel M. (1985): *Discovery and the capitalist process*. Chicago: University of Chicago Press.

Kirzner, Israel M. (1990): "Knowledge Problems and their Solutions: Some Relevant Distinctions", en Kirzner, Israel M.: (1992) *The Meaning of Market Process*. Londres, Routledge.

Kirzner, Israel M. (1997): "Entrepreneurial Discovery and the Competitive Market Process: An Austrian Approach", *Journal of Economic Literature*, Vol. 35, No. 1. Reimpreso en Kirzner, Israel M.: (2000) *The Driving Force of the Market. Essays in Austrian Economics*. Londres: Routledge.

Kirzner, Israel M. (2000): *The Driving Force of the Market: Essays in Austrian Economics*. Londres: Routledge.

Krueger, Anne (1974): "The Political Economy of the Rent-Seeking Society", *American Economic Review*, Vol. 64, No. 3.

Lachmann, Ludwig (1979): "The Flow of Legislation and the Permanence of the Legal Order", en Lavoie, Don: *Expectations and the Meaning of Institutions: essays in economics by Ludwig Lachmann*. Londres: Routledge (1999). Originalmente publicado en: *ORDO*, Vol. 30.

Lachmann, Ludwig M. (1986): *The Market as an Economic Process*. New York: Basil Blakwell.

Landoni, Juan Sebastián (2012): "Sobre el aprendizaje del entrepreneurship desde un enfoque austríaco". Paper presentado en VI Congreso Internacional Escuela Austriaca en el Siglo XXI.

Langlois, Richard N. (1994): "Risk and Uncertainty", en Boettke, Peter (ed.): *The Elgar Companion to Austrian Economics*. Cheltenham: Edward Elgar Publishing.

Leoni, Bruno (1961): *La libertad y la ley*, Guatemala: Editorial Universidad Francisco Marroquín (1974).

McCloskey, Deirdre N. (2010): *Bourgeois Dignity: Why Economics Can't Explain the*

Mises, Ludwig (1920): *Economic Calculation in the Socialist Commonwealth*. Auburn: Ludwig von Mises Institute (1990).

Mises, Ludwig (1947): *Planned Chaos*. Auburn: Mises Institute.

Mises, Ludwig (1949): *Human Action: A Treatise on Economics*. Cuarta edición. Irvington-on-Hudson: Foundation for Economic Education (1996).

Modern World. Chicago: University of Chicago Press.

North, Douglass C. (1990): *Instituciones, cambio institucional y desempeño económico*. México: Fondo de Cultura Económica.

North, Douglass C. (1991): "Institutions", *Journal of Economic Perspectives*, Vol. 5, No. 1.

North, Douglass C. (2005): *Understanding the Process of Economic Change*, Princeton University Press.

O'Driscoll, Gerald P.; Rizzo, Mario (1985): *The Economics of Time and Ignorance*. Londres: Routledge. [Reimpreso en1996].

Ostrom, Elinor (1986): "An agenda for the study of institutions", *Public Choice*, No. 48.

Penrose, Edith T. (1959): *The Theory of the Growth of the Firm*. Oxford: Oxford. University Press.

Ponton, Rogelio (1987): "Conocimiento disperso e inteligencia central". *Libertas 6*.

Popper, Karl (1963): *Conjeturas y refutaciones. El desarrollo del conocimiento científico*. Buenos Aires: Editorial Paidós (1967).

Popper, Karl (1979): *Sociedad abierta, universo abierto. Conversaciones con Franz Kreuzer*. Barcelona: Editorial Tecnos (1997).

Rizzo, Mario (2009): *Austrian Economics: Recent Work*. The New Palgrave Dictionary of Economics, Online Edition.

Schumpeter, Joseph A. (1942): *Capitalismo, socialismo y democracia*. Barcelona: Hyspamérica Ediciones (1986).

Skidelsky, Robert (2000): "The Wealth of (Some) Nations", *New York Times* (24 de diciembre de 2000).

Smith, Adam (1759): *The Theory of Moral Sentiments*. Indianapolis: Liberty Fund (1977).

Smith, Adam (1776): *An Inquiry into the Nature and Causes of the Wealth of Nations*. Indianapolis: Liberty Fund (1981).

Tarziján, Jorge y Ricardo Paredes (2006): *Organización industrial para la estrategia empresarial*. Editorial Prentice Hall.

Tullock, Gordon (1967): "The Welfare Costs of Tariffs, Monopolies and Theft", *Western Economic Journal*, Vol. 5.

SOCIALISM: AN OBITUARY?

Robert Hessen

In recent years, many American conservative commentators have proclaimed that socialism is dead as an ideal. I wish they were right, but their obituary for socialism is quite premature. Socialism as an ideal is actually thriving.

It would be a mistake to judge the appeal of socialism by the strength of the socialist party or the number of votes cast for socialist candidates. By that standard, of course, socialism is nearly dead, at least as compared to the times earlier in this century when eloquent, charismatic leaders like Eugene V. Debs or Norman Thomas won enough votes to make the socialists the third largest party in America.

No, if you want to locate the citadels of socialism today, you must look elsewhere — specifically to the college campuses, where self-styled socialists are increasingly visible and vocal. Unlike the situation of two or three decades ago, when socialist teachers were embattled outcasts, today socialist faculty members are magnets who attract large enrollments for their courses. They are held in high esteem too by their colleagues, and when they write textbooks, there is a brisk competition between the leading publishers for the opportunity to publish them.

Now, admittedly, socialist teachers are still only a minority. But their strength is clustered in the fields of economics, sociology, history, political science, law and philosophy, thereby giving them the greatest opportunity to shape the viewpoint of future teachers, journalists, politicians and opinion-makers. The academic socialists are under no illusion that their struggle to transform America into their ideal society can be won overnight. Instead, quite realistically, they concentrate their energies on a long-range goal: persuading young people that socialism offers a noble blueprint for America's future.

This phenomenon may astonish you. How, you may ask, can socialism be a vital and dynamic ideology, given its track record: namely, that in every country where socialism has been tried, it has produced economic stagnation, and usually political tyranny as well.

138

That is the paradox I propose to examine here: how a doctrine that has failed everywhere can still manage to attract new advocates and equally important, to identify what it is about socialism that attracts them.

I must begin by setting a context, a brief look at the three species of socialism that flourished in the 19th century.

Socialism, a term first coined in the 1820s, originated as a reaction to individualism. The earliest socialist writers, men like August Comte and Charles Fourier, took individualism to mean three things: that individuals possess inalienable rights; that society should not restrain individuals from pursuing their own happiness; and that economic activity should not be regulated by government. In place of individualism, these writers proclaimed an organic conception of society, and stressed ideals such as brotherhood, community and social solidarity. They also set forth highly detailed blueprints for model Utopian societies in which collectivist or socialist values would be institutionalized, for example, the community would assign to each individual the type of work he would do and decide what income or rewards he would receive.

The earliest socialist writers drew their inspiration from Jean Jacques Rousseau's 1762 treatise, "The Social Contract," a work that serves as an inspiration for collectivist writers to this day. Their blueprints for Utopia aimed to embody the ideals set forth by Rousseau, specifically that human egotism or self-interest would be eradicated, and human nature would be changed so that individuals would not pursue personal happiness as their highest goal. Instead, Rousseau wanted a social system that would train men to "bear with docility the yoke of public happiness" (i.e. the well-being of society or the community as a whole).

Utopian socialism was eclipsed when Karl Marx began to attack the movement. He did not oppose the moral ideals the Utopians had proclaimed; quite the contrary. But he thought they were dangerous because their approach might not result in the overthrow of bourgeois society. The mistake of the Utopians, according to Marx, is that were merely urging people to reject capitalist or individualist values, and to embrace socialist or collectivist values. But if this approach were beginning to be successful, the result might be a premature

139

revolution to topple bourgeois society and the revolution might be crushed.

Marx, instead, created a second species of socialism; he called it "scientific socialism." He claimed to have discovered the laws of history, and announced that socialism was the next stage of history, and that its arrival was inevitable. Why inevitable? His answer was that under capitalism, workers are condemned to perpetual poverty; they are never paid more than the barest minimum required to stay alive and breed children. But the worker cannot even count on obtaining bare subsistence because a "law of increasing misery" operates under capitalism. As workers see their wages reduced below the subsistence level, as they faced the specter of death by starvation, they would rise up and overthrow the capitalist system — and replace it with socialism, by which Marx meant a system in which the means of production, distribution and exchange have been nationalized, and the state operates a centrally planned economy, which produces prosperity for everyone.

Like the Utopian socialists, Marx appealed to moral ideals. He promised that socialism, by abolishing classes, would abolish class warfare, and that an everlasting era of harmony, cooperation and equality would result. But there are two chief differences between the Utopian socialists and the scientific socialists: the Utopians were merely preaching socialism; Marx was predicting its inevitable triumph with the same certainty that an astronomer can predict the next eclipse of the sun or the moon. And, whereas the Utopians offered detailed blueprints for future model communities based on socialist ideals, Marx offered no details at all about how a future socialist society would be structured or how it would operate; for example, on the crucial question of how central planning would work, the only explanation offered was Friedrich Engel's' comment that production would be decided on the basis of a pre-determined plan.

Marx's vagueness about the features of socialism was not unique to him. Other 19th century socialist theorists also failed to provide any details about their ideal society. For example, Ludwig Feuerbach observed the "The future life is nothing else than the present life freed from that which appears as a limitation or an evil," and Pierre Proudhon defined socialism as "every aspiration towards the amelioration of our society." Like the Christian theologians who explain that heaven will not be like anything known on earth, socialist theoreticians simply asserted that socialism would be the opposite of capitalism — and then left it up to everyone's imagination to fill in the details. Clearly, the advantage of this approach is that it prevented endless bickering within the socialist camp. They could not quarrel about the details of competing designs for socialism, because no details were placed on the drawing board.

This analogy to Christianity and to heaven is not accidental. Instead, it serves to introduce the third major strand or species of 19th century socialism. In both England and America, there was a movement called "Christian socialism," which held, in essence, that socialism is the embodiment of Christian ethical ideals. These writers and preachers pointed out that the Bible and the Early Christian Fathers had rejected private property, the pursuit of wealth, and the ethics of self-interest. For example, Matthew Arnold, a British poet and critic, declared that "the Bible enjoins endless self-sacrifice all round..." And George D. Herron, an American clergyman, achieved prominence through his 1890 sermon on "The Message of Jesus to Men of Wealth." In it, he declared: "Strictly speaking, a rich Christian is a contradiction of terms." To validate this viewpoint, the Christian Socialists quoted St. Luke's account of the Apostles: "Not a man among them claimed any of his possessions as his own, but everything was held in common." (Acts l»: 32-35) They quoted from St. Mark that "It was easier for a camel to go through the eye of a needle than for a rich man to enter the kingdom of God." (Mark 10: 25) They cited the teachings of Jesus, as reported by Luke, for example, his exhortation that the man who owns two garments should share with someone who has none, or his praise of the poor widow who gave away all she had to those even poorer. And they invoked St. Ambrose: "You are not making a gift of your possessions to the poor person. You are handing over to him what is his."

The Christian socialists held that Christianity and socialism are natural allies, that Christianity is the theory of socialism, and that socialism is the practice of Christianity. This viewpoint never dominated the socialist movement because most socialists were secularists and many were agnostics or atheists. Nonetheless, this view continues to be propagated in the leading divinity schools and shapes the attitudes of young seminarians and future preachers, who, in turn, pass it along to their congregations.

To sum up, both Utopian socialism and Christian socialism were rather limited in their appeal, compared to Marx's scientific socialism. At the end of the 19th century, socialism essentially meant Marx's vague blueprint; nationalization of the means of production, distribution and exchange, and a centrally planned economy, but it remained an untested concept or ideal.

Then a calamity befell the socialists: Marx's intellectual heirs obtained an opportunity to put his theories to the test, beginning in the Soviet Union after 1918. Soviet Russia was to be a socialist showcase, proving that a centrally planned economy could produce a workers' paradise, by eliminating poverty and unemployment and by creating unprecedented conditions for every individual to employ his talents to the fullest in the service of society.

But it soon became clear that the Soviet experiment was a failure. Lenin, following Marx's credo, tried to abolish money by inflating it out of existence; the result was a collapse of trade: no one would exchange goods for worthless scraps of paper. The economy reverted to primitive barter before Lenin, in 1923, reluctantly adopted the reforms known as the "New Economic Policy." Nonetheless, a persistent pattern of crop failures and shortfalls in Industrial production began to emerge — and when these occurrences were so regular that they could no longer be denied, Western socialists were hard-pressed to explain them away. It was even harder for Western socialists to evade or excuse the Soviets use of terror, repression, censorship, and forced labor — but some of them managed to do so, dismissing the steadily mounting evidence as lies and slanders created by the Western capitalist press. Other socialists tried to salvage their faith by announcing that the system in the Soviet Union really was not socialism; rather it was "state capitalism." A much smaller group actively denounced and publicized the evils and failures of the Soviet system. People like Emma Goldman, Bertrand Russell and John Dewey reaffirmed their dedication to democracy and their loathing of dictatorship, and urged that the verdict on socialism be postponed until socialism is adopted in a democratic society.

An opportunity for such an experiment arose in Great Britain after World War II. In the years from 1946 to 1949f a socialist government, headed by Clement Attlee held the reins of power. But the nationalized industries of England proved to be colossally inefficient; it was obvious that Marx's vague notion of central planning had left socialist planners with no tools or guidance. Socialism had suffered another seemingly fatal blow.

Simultaneously, at the end of World War II, the American economy was undergoing a dramatic revival and resurgence. The Great Depression was past and the wartime mobilization was over. The postwar depression that the socialists confidently had predicted did not occur; instead the economy boomed and products which had been unavailable or rationed in wartime were available again, often in cheaper and improved forms.

This development provoked some socialists to launch an attack on capitalism from a new perspective. Formerly, following Marx's lead, they condemned capitalism because it allegedly doomed workers to perpetual poverty. Now, they argued, the real evil of capitalism is that it leads to prosperity. They began to attack the legitimacy of consumer demand. They claimed that goods which have to be advertised in order to sell could not be serving any authentic human needs. They charged that consumers were being brainwashed by Madison Avenue, and were being reduced to the status of robots who mindlessly crave whatever the giant corporations might choose to produce and advertise.

Perhaps the classic expression of this approach was the exhortation made by Professor Herbert Marcuse to young socialists. He urged them to persuade working men and women that they don't need washing machines, dishwashers, television sets or automobiles — because these goods are all really tools of oppression and enslavement. Why? Because they make workers complacent or content, thereby robbing them of their revolutionary fervor to topple capitalism and establish a socialist society.

Socialist writers offered solemn assurances that in a socialist society, only "authentic" needs would be fulfilled, and consumers would not be confused by too many choices. Not surprisingly, very few American workers showed any enthusiasm for socialism when

143

given a choice between being proletarian revolutionaries and owning a home or an automobile, or labor-saving appliances. Clearly, the socialists, both in England and America, were out of step with the working class in whose name they claimed to be speaking.

Facing the prospect of talking only to themselves, socialist theoreticians began to reformulate their essential program. The most daring and influential blueprint was offered by C.A.R. Crosland, a British writer, in his 1956 book, *The Future Of Socialism*. He wrote that the most urgent task confronting socialists is to begin treating Karl Marx's ideas with "judicious irreverence." Crosland proposed that the nationalization of Industry should no longer be the essential goal of socialism. He reviewed a large body of socialist writings and discovered that their common theme was a concern with moral values. These include a protest against poverty; compassion for the needy and helpless; a belief in equality and a classless society; and a protest against the alleged inefficiencies of capitalism, especially mass unemployment. The common theme of these concerns, he wrote, is that socialism stresses a collective responsibility for the relief of social distress or misfortune, and that it gives this concern highest priority on its agenda. But, he noted, the goal of relieving distress and promoting equality does not necessarily require government ownership of industry; these same objectives can be pursued equally well by means of higher taxation, limitations on dividends, increased death taxes, and confiscatory inheritance taxes.

Socialists should be inflexible about their ideals, Crosland argued, - but flexible about the means to achieve them. Private ownership of industry should be tolerated as long as its functioning would be consistent with the pursuit of socialist ideals.

If your reaction on reading this is to ask: how does Crosland's blueprint differentiate a socialist from a liberal democrat, your question is right on target. The answer is that this redefinition of socialism had the effect of throwing down the firm line that formerly separated socialists from liberals. Once the socialists were willing to accept private ownership of industry, they could no longer be ostracized as radicals or revolutionaries; instead, the new approach made them seem flexible, tolerant, and open-minded. It also meant, of course, that these new-style socialists could now chide liberals with being too timid, too cautious, too tied to the status quo. If the issue of nationalizing industry no longer separated the socialists from the liberals, then the liberals were simply "soft socialists," who failed to consistently live up to their ethical ideals. And the socialists could portray themselves as idealists, as men of integrity who want to fully implement the ethical ideal that government ought to redistribute wealth from the able to the needy.

The new style socialists called themselves Social Democrats and Democratic Socialists. Their approach was not acceptable to all socialists. Some — chiefly younger and less interested in improving the immediate political appeal of socialism — regarded the new formulation as sheer pragmatic expediency, as a retreat from principle, and as a shameless compromise with the inherent evils of capitalism. However, in light of the historical record of socialist regimes, including not only the Soviet Union but Communist China as well, it would have been hard for anyone to demand a return to central planning and nationalization. Instead, another new version of socialism was created, one that also turned away from Marx, but back to Rousseau and the Utopian socialists.

The new approach, a creation of the 1970s, is called "economic democracy" a name designed to create the impression that they were the intellectual heirs of Thomas Jefferson and James Madison. Their goal, they say, is to complete the work of the Founding Fathers — by extending democracy beyond politics into the realm of production.

Exactly what alternative do the advocates of economic democracy offer in place of traditional central planning? They propose a system of small, self-sufficient communities in which each enterprise would be operated as a cooperative owned by local consumers. They want all large corporations to be dismantled and their individual plants and factories to be converted into locally-owned cooperatives. Central planning will be implemented at the local level: all decisions about investment and production will be made collectively by the community. A more accurate name for their blueprint would be "communitarian socialism." Each person will receive one vote and the decision of the majority will be binding on everyone.

By making everything a subject for the political agenda, communitarian socialism seeks to suffocate free choice and individual li-

145

berty. The totalitarian aspects of communitarian socialism haven't been noticed because the blueprint gives each individual a vote, and therefore, seemingly, the power of choice and informed consent. A moment's reflection, though, will reveal the fallacy in that assumption. If there are no private spheres of action, then every able and ambitious person will be outnumbered and outvoted by those who are envious; they will be able to stifle him simply by voting against any plans or goals he wants to set for himself.

The advocates of communitarian socialism present their ideas as democratic, not totalitarian. They don't stress the coercive aspects of their blueprint. Instead they stress the moral ideal that underlies their viewpoint: the ideal of equality. They hold that no one deserves to own or to earn more than anyone else, and that all forms of inequality are unjust. (The only exception is if the community collectively decides that someone has greater needs than others, and therefore deserves a larger allotment.)

But they refuse to sanction inequality resulting from differences in productive ability or effort. They hold that individuals deserve no moral credit — nor any material advantages — because they are abler, more ambitious or more productive than others. They view all human attributes — not merely strength or speed, but psychological attributes such as intelligence or self-confidence — as blind accidents for which no one can claim credit. According to one advocate of this viewpoint: "...who I am cannot determine what I get. For my particular qualities, capacities, and so on, are only the accidents and contingencies of selfhood, matters of good and bad luck, [but] irrelevant from a moral point of view."

You are what you are, and deserve no credit (or blame) for it; the only moral entitlement is total equality.

Of course, the reign of equality will not be left up to individual choice. Instead, the blueprint sets up conditions for enforced equality. But if enforced equality is to exist, then individuals must be forced to surrender their independence.

Clearly, the biggest source of independence is private property, because private property gives Individuals an asset they can use or trade for their own benefit. If individuals were left free to use their wealth in any way they choose, this would interfere with the community's central plan, so private property must be eradicated. But private property doesn't only refer to money, land, or shops or factories. Central planning also must harness human labor, because labor is a central component of production. But this means that human labor must be socialized — in other words, that self-ownership must be abolished. Otherwise, individuals might withhold their labor and thus frustrate the workings of the master plan. I realize that this point may seem startling, so let me quote directly from a leading socialist writer, Robert Heilbroner: "The creation of socialism requires the curtailment of the central economic freedom of bourgeois society, namely the right of individuals to own, and therefore to withhold if they wish, the means of production, Including their own labor."

And why, according to Hellbroner, must individuals forfeit the right to control their own labor? His answer is:

The full preservation of this bourgeois freedom would place the attainment of socialism at the mercy of property owners who could threaten to deny their services to society ~ and again I refer to their labor, not just to material resources — if their terms were not met."

What is another way to describe "curtailing" an individual's right to own his own labor? It is forced labor, involuntary servitude — and that is what the socialists are offering as a humane, compassionate alternative to capitalism!

Statements like the one I have just quoted are rare, and should be publicized by those who oppose socialism. Usually socialists evade the whole issue of forced labor by claiming that it won't be necessary to coerce anyone. They simply assume that unanimity will exist in a socialist society, that everyone will voluntarily put community goals ahead of personal pursuits, and that altruistic behavior will be the hallmark of "socialist man." They decline to discuss the fate of those who won't fall into place, and they neglect to consider the transitional period before the new species of automatic altruists comes into existence. Instead, they assure us that a "psychic" transformation will occur and the old mentality of self-interest will simply vanish. Instead of offering convincing arguments for why this transformation will occur, they simply predict a miracle and then switch the subject to the nobility of their ideal of universal equality. The mistake of the anti-socialists has been to allow the socialists to get away with this evasive tactic. But, really, what choice did most of the anti-socialists have?

This brings me back to my opening observation that many conservative commentators have proclaimed that socialism is dead as an ideal. In my view, the conservatives are the ones chiefly to blame for why their claim isn't true. By this I mean: they never attack the moral ideals proclaimed by the socialists, and so those ideals stand virtually unchallenged. Let me illustrate what I mean with a few examples.

It was common for many years for conservatives to dismiss socialists as "misguided idealists." Instead of challenging the ideals — instead of showing that enforced equality requires continuous coercion — the conservatives merely claimed that socialist ideals are impractical, or that they run contrary to human nature. Men are selfish, the conservatives declared; they can't be expected to live by the same ethical code as Jesus and his apostles. If men were angels, socialism wouldn't be necessary, the religious conservatives say; but human selfishness is ineradicable, so socialists are naive if they think they can obliterate it.

Certainly there is nothing in this conservative approach that discomforts or discredits the socialists, because their moral idealism is never challenged. It does not injure the socialists to call them Utopians; quite the contrary, utopianism has been the primary basis of their appeal of idealistic young people. I agree with Professor F.A. Hayek when he wrote: "Socialist thought owes its appeal to the young largely to its visionary character," that is, it holds out noble and exalted ideals that mankind can aspire to achieve. The socialists, says Hayek, possess "the courage to be Utopian." Obviously, the only way to undermine the appeal of their Utopian ideals is to expose them to critical scrutiny — to show that they are incompatible with human liberty, that they are necessarily coercive and repressive.

But what have conservative commentators been doing instead?

One conservative economist declared flatly: "Everyone is greedy." Supposedly, this fact is an obstacle to socialism, because it applies to socialists too. They will exercise extraordinary power within the new system. Instead of being faceless humanitarians or anonymous Good Samaritans, they will enjoy their positions of power and prestige, and so they are as morally tainted as everyone else.

This view, in essence, is the core of the "New Class" label many conservatives have tried to pin on the communitarian socialists. But trying to discredit socialism by calling its advocates a "New Class" is obviously doomed to failure; it doesn't challenge socialist ideals, but only the psychological motives of the socialists, which really are irrelevant.

Another approach taken by conservatives is to argue that selfish behavior embodied in capitalism can be sanctified by its altruistic consequences. Here's how a conservative economic journalist recently tried to defend capitalism. "An entrepreneur, he writes," will start a new business only when he wants to make more money. Admittedly, this rather selfish motive is not one to uplift the spirits. However, it does uplift the incomes of an awful lot of ordinary people by creating jobs for them that otherwise would not exist." Such a statement makes business innovators seem like moral lepers; they are the carriers of a social disease — selfishness — that society should tolerate only because someone else benefits from their activities.

Another conservative writer tried to sanctify business by claiming that businessmen really are altruists. When George Gilder's book, Wealth and Poverty, was published a few years ago, it was hailed as a long overdue moral defense of capitalism. Briefly, he claimed that businessmen are not motivated by self-interest or selfishness, despite what their socialist critics claim. Instead, they are altruists. Why? Because in the process of investing and producing, they bestow definite and specific benefits on others — products for consumers or wages for workers — but they have no guarantees of receiving any specific benefit in return. And what is the essence of altruism, according to Gilder? Why, it's giving without a guaranteed return. This approach so openly accepts the premises of socialist morality, that obviously it cannot serve to undermine the appeal of socialism.

Recently, another conservative economist tried to vindicate capitalism by appealing to genetic determinism. Drawing on the field of sociobiology —which claims to find parallels between the conduct of human beings and insects — this economist defended "selfish behavior." It is ultimately beneficial to the human race, he wrote, if people of ability and ambition pass on their genes to future generations. He added that it would be "ethically ideal if men could live up to the maxim proclaimed by Karl Marx: from each according to his ability, to each according to his need." But our selfish behavior is genetically determined, so let's be practical and learn to live with the ineradicable selfishness of human nature Does that strike you as an effective rebuttal to socialism, as an argument that would discomfort a socialist adversary? Yet that is what passes for a rebuttal in some conservative circles.

Perhaps the intellectual low point was hit in a recent book by two neo-conservatives who argued that the real evil of the socialists is that they proclaim ideals at all. Ideals, these writers say, are inherent weapons of tyranny. Whoever holds any ideals will want the power to impose them on everyone else. Therefore, they say, the antidote to the poison of socialism is to abandon ideals of every sort; their alternative to idealism is 'balky pragmatism.

Along the same lines, a religious conservative writer condemned any ideology that holds out the prospect of improving living conditions here on earth. He ascribed the massacre at Jonestown to the fact that the followers of Reverend Jim Jones had succumbed to v the lure of "utopia now." Then he added: "But the message of the Slew Testament is that this life on earth is not a Utopia; it is not heaven. In this life we are pilgrims journeying toward something better than anyone has ever known, and Jesus came to show the way. The philosophy of delayed gratification has always been embraced by the people of God." His response to the moral idealism of the socialists is to exhort everyone to suffer silently and await entry into heaven where paradise would exist. Such a message really is a sword against capitalism, as well as socialism, in fact, against the whole idea that human reason can conceive and carry out changes that improve conditions in any country. Uncritical acceptance of the status quo is the negation of   idealism in favor of mindless passivity and unquestioning obedience. It is surely not a viewpoint that will keep idealistic young people from being attracted to socialism.

What will work? What will defuse the appeal of socialism? If the defenders of capitalism want to discredit socialism, they will not succeed by claiming that socialism is inefficient, or that central planning is not technically feasible. They can only succeed by directly confronting the challenge of socialist moral ideals.

Socialism appeals to young people by proclaiming ideals that seem to be noble. I know this from personal experience because when I was 17 I was a socialist. The choice, I thought then, was simple: morality versus material comforts. The spokesmen for capitalism kept stressing efficiency and the capability of capitalism to produce bigger bathtubs and better ball bearings. By contrast, the socialists really never deny that capitalism is an extremely productive system, but they claim it is profoundly immoral, and they thereby win the hearts and minds of idealistic young people in every society.

The socialists, from the first Utopian theorists more than 150 years ago to today, keep invoking soul-stirring concepts. They talk about solidarity, brotherhood, cooperation, community, consensus, participation, fraternity, and, above all, about justice and equality. I was unable to reject the appeal of socialism until I learned to translate the slogans of socialism — to see how they actually would operate in everyday life. As long as they are left at the level of noble abstractions, without being translated into concrete terms, they will continue to attract the young and idealistic. I think the single most powerful antidote to socialism is the chapter on the 20th Century Motor Company in Atlas Shrugged. No one who reads it can come away thinking that the slogan "From each according to his ability, to each according to his needs" is a noble or exalted idea.

The socialist ideal of equality must be confronted and assaulted, not evaded. The point to be stressed by defenders of capitalism is that equality will never arise spontaneously and can only be sustained by coercion. Individuals are obviously different from each other — different in ability, ambition, intelligence, ingenuity, inventiveness, different too in their willingness to expend effort, to run the risk of failure, and to take on new challenges. Some who succeed decide to rest on their laurels; some who fail decide not to risk failure again. But others who succeed take each new success as a stimulus to new effort, and some who have failed are resilient — and they persevere until they succeed. We see these different responses when we study the lives of scientists and scholars, of inventors and investors, of artists and athletes, These undeniable differences of character and personality are the source, in large measure, of the economic inequa-

151

lities that exist within the same country or region, and even within the same family. Those who propose to eliminate these inequalities can only succeed by suppressing inventiveness, ability and creativity, or by stripping individuals of the material consequences that flow from these characteristics, such as wealth, prestige, and influence. Human differences can be eradicated, and equality of income can only be achieved, in a totalitarian society.

Most young people don't realize that when they are attracted to the ideals of socialism. Therefore, the challenge confronting the defenders of capitalism today is to persuade idealistic young people to reject every variety of socialism. For those who favor a system that respects and protects individual liberty, that fosters independence and freedom of choice, that rewards exceptional effort and ability, that tolerates diversity and dissent, and that recognizes that the fundamental form of private property is self-ownership, there is only one choice possible in the marketplace of Ideas: capitalism.

ON SOME UNINTENDED CONSEQUENCES
OF THE EUROPEAN WELFARE STATE

Kurt R. Leube

Introduction

The apparent problems of the Welfare State are politically hot, but definitely not brand-new. Since its introduction in the 1880s, naïve protagonists of the Welfare State have pushed its seductive agenda for decades on end. And yet, at least since 1863 when *Adolph Wagner* formulated his *Law of Increasing State Spending*, every responsible social scientist should have known that the dynamic growth of public obligations leads to the production of collective goods that in turn will not only overload any government's fiscal responsibilities. Much worse, it will eventually spin out of control.

However, since we seem to be ruled by *'socialists in all parties'*, Wagner's law continues to be conveniently suppressed and the warnings of numerous serious scholars have been ignored, rendered politically inopportune or their academic work and credentials are successfully ridiculed. After all, politicians pursue power, not welfare.

In this paper, I do not intend to add yet another lamenting comment about the overwhelming fiscal and demographic problems of the Welfare State. Rather, I attempt to show how the ideology of the Welfare State changed the *social behavior of people* and how their *welfare consciousness* and their *sentiments* altered *economic culture*. After all, in good *Austrian fashion* the goal of any research is not only the *cognition*, but foremost the *understanding and comprehending* of social phenomena. This implies, that we have gained *cognition* of a phenomenon *only* when we have attained its mental image. And we *understand* it when we have *recognized* the reason for its existence or its characteristics. In other words, it seems more important to try to *understand* and *comprehend* what's going on in the minds of acting people, instead of grieving over the looming fiscal and social disaster.

153

Being Honest in the Welfare State is Awkward

Most beneficiaries of the Welfare State's system of re-distribution look at governments as *unlimited resources* from which generous politicians appropriate funds in an altruistic and just manner. They rarely recognize the direct links between taxation, revenue, or government expenditures. It is therefore widely assumed that all social problems from abortion and affordable housing to farm subsidies, social security or youth programs, can easily be resolved by throwing public money at them. However, directed by *rent-seeking bureaucrats* and bound by *finite supplies*, governments cannot fulfill the fast moving cycles of rising demands, magnified by an inflation of politically motivated promises. Individuals and influential coalitions of organized interests start to compete for social benefits and government hand-outs.

They unleash hereby the dynamics of *greed* and *envy* without any feeling of remorse. If one group gets cash from the government, all others are also equally and democratically entitled to apply for public funding, in order not to fall behind. Since it would be *irrational* not to do what everybody else does without limit or regret, the *abuse* of the system is already built into it. In other words, this kind of exploitation is escalating and stimulates a morally disturbing attitude that is law-abiding and encouraged, yet definitely not sustainable. This *rent-seeking mentality* accelerates not only when it is easy to grab public money, but even more so when it becomes *illogical* and *awkward* to remain honest. The *welfare consciousness* thus promotes rent-seeking activities by establishing *social norms* – but not about honest behavior, much worse: these *socials norms* apply to the looting of state budgets. Due to peer pressure and to maintain a particular social standing, the demand for ever higher benefits will automatically enter the fight for public funds and make people ransack the budget.

Therefore, when it's easy to seize public funds, one would be ill-advised indeed if one were to remain principled. The logic of the game thus promotes the suppression of those social norms of honesty on which any democratic society depends on.

The most successful Welfare State is the most Unsuccessful One

Over the past decades, large segments of the population of most European countries were lured into the ideologically motivated illusion that an *omnipotent welfare state* will eventually take care of them from the cradle to the grave. As a result, the rather pretentious assertion that governments eventually will be able to eliminate all social problems, shapes the political discussion. This, however is based on a *static perspective*. If we approach this claim from a *dynamic perspective*, we discover that people transfer their individual responsibilities increasingly to the Welfare State, the more they trust its interventionist powers. The more welfare programs are made available, the higher will be the expectations and individual responsibility will not only dry up. The relief from their own liabilities makes people also unwilling and unsuited to provide for themselves. Democratically problematic re-distributive measures, mainly in the form of progressive taxation will follow.

Whenever people are faced with a predicament, they first call on the appropriate state departments for help. Only in the scandalous situation that there are no support programs promptly available, most Europeans start thinking about what they could do themselves. Since one can get what one requested by filling out some paper work, we witness a crowding-out effect where public welfare projects displace prevailing obligations. By having public support at one's finger tips, the legitimate demand for aid will never diminish, rather the appeal for relief will increase as long as the Welfare State produces its own load by lifting the strain from people. By assuming that the paternalistic state ought to deal with all social problems as they are identified along the way, the subsidiary principle is put on its head and the helper of last resort turns into the helper of first choice.

In other words, the Welfare State is an institution that is so successful that it will never be able to achieve its own objectives, because its own success triggers the contrary of the desired results by leading to the rapid identification of new social problems. As success intensifies expectations, the need for more support programs will become increasingly urgent. The problem however is, that the success of the Welfare State can neither be assessed by making support programs gradually redundant, nor can the system's efficiency render these programs finally dispensable. We are facing another paradox situation where the success of the Welfare State is the greatest, the more it fails to deliver. Therefore, we need an insufficient welfare system that reveals it own helplessness, in order to keep people's expectations low.

Fulfilling Expectations will never Eliminate Desires

Although, European Welfare States give the impression as to provide almost comprehensive services, there nevertheless seems to be room for inspiring people's sensitivity for all kinds of new demands. The latest discussions about *equality*, among other events set off by the recent *Piketty hype* in the US, France and Germany would be an example. *Bill Gates'* naive model with which he attempts to differentiate between *good* wealthy people who are using their fortunes for a valuable cause (*from his point of view*) and those who are merely consuming and enjoying their fortune, is another.

However, the terms used in these discussions are vague and do not even scratch the surface of the problem, because as soon as *equality* becomes the Welfare State's principal *moral conception*, all parts of society start articulating their demands. Should we make opportunities *equal* for *unequal* people? What kind of *inequalities* resulting from the *equality* of opportunities are justified, and what must be done to *equalize* the circumstances that will assure the *equality* of opportunities? Or, do free markets actually require *equality* of opportunities?

While most people consider the *equality of opportunities* as a precondition for free markets, the *equality of outcomes* however more often than not, is viewed as socially unacceptable. On the assumption that *unequal opportunities* or simply being *unequal* is *unjust*, people are encouraged to get even with their peers. In other words, if *inequality* prevails despite extensive *social engineering* and massive re-distribution, somebody must be guilty. Therefore, the government is called into action to reduce these *inequalities* by setting up more punitive regulations, steeper progressive taxation or other confiscating measures. And since all starting positions will always remain *unequal*, the framework of the society must be shaped according to the narcotic but empty phrase *Social Justice*. This attractive slogan suggests, that a particular distribution or allocation of wealth, of income, or of energy within a society, is more desirable or more just. The concept of *Social Justice* allows governments to embrace the whole society until the identification of any political or cultural limits for welfare projects is rendered impossible. After all, where are these limits when even, due to an alleged discrimination in the labor market, obesity becomes subject to state intervention? To think that a *democratic* Welfare State must arrange a *just distribution* is naïve and a contradiction: Any *distributive justice* can only be *achieved* in a command regime but cannot be linked to the results of a democratically organized market economy! Since such an open society has no sole and defined purpose, no agreement can exist which outcome should be accomplished or how much of a person's income should be confiscated. Since *Social justice* requires that the 'society' determines an individual's share in GDP, it is misleading to classify the results of free markets as *unjust* or even suggest that another outcome would be more *just*, because nobody has acted *unjustly*.

Therefore, by attempting to create a more *socially just* environment, the Welfare State increases the sensitivity for inequalities of its citizens and conditions, which were accepted as regular for a long time will soon be viewed as appalling. However, if we were to treat unequal people equally, we will unintentionally put them into unequal socio-economic positions. The only way to put unequal persons into equal socio-economic positions, thus is to treat them unequally. And any governmental effort to equalize opportunities necessarily calls for massive *state interventions*.

The More we live an 'Independent' Lifestyle the More we rely on Collective Institutions

The contemporary life style in most Western democratic countries incorporates among many things individualism, emancipation, civil liberties, or the freedom to complete one's emancipation. These developments can be seen as a major achievement and the logic of the social structures suggests that everybody ought to be free and

157

open for the demands *of* and the chances *in* the market place. However, there are two conflicting views: On the one hand, we observe a self-centered and sometimes hedonistic life style, based on spontaneity and individualism. On the other hand, there is a denser interwoven, bureaucratic and rational way of life with forces of rationalization or tendencies of self-enforcement. As there is a rationalized framework with a few openings left for free play and some leeway where individuals develop a split self as far as the pressures and compulsions of society extend, our daily life is becoming more *rational* and more *pleasure*-seeking at the same time.

Although, all of us are linked to complex and shared chains of action, we are at the same time unconnected to any tangible social embedding. This individualization drives back established social bonds and traditional forms of caring, thereby triggering the erosion of the family as one of the core elements of society. As a consequence the traditional family providing welfare services such as cultural refinement, guidance or care for our children and the elderly dries up. This way of life has naturally formed the living conditions in communities, small towns or even regions. However, without such functioning households, care institutions must be collectively set up to substitute for the lost family tasks. As the family is loosing its purpose and is no longer able to provide for the necessary altruistic attention, toddlers are stashed away in daycare centers, school children are checked into hospitals when they catch a light fever, and the elderly are conveniently locked up in retirement homes. The success of today's urban people therefore is predominantly produced by rational calculations encouraged by the imperatives of the welfare system and peer pressure. As a result, lesser and lesser people bother with children, let alone are willing to have and raise them. As an example, the fertility rate in OECD countries declined from average 3.3 children per woman of childbearing age in 1960 to 1.7 in 2011. Obligations are increasingly shifted to public services because people irrationally belief that they can improve their financial situation, or at least get *something back* from the state.

Our much cherished individualistic way of life, thus depends increasingly on collective institutions which are needed for the virtues of spontaneity, advanced mobility, or a somewhat phony independence. By its own logic, there is again this paradoxical combination of tendencies: Spontaneous actions, individualistic behavior or a hedonistic life style stands in stark opposition to the rising demand for more public services, for state education, or the care for the disadvantaged. Spontaneous life styles depend on collective institutions.

The Elimination of Risks always Creates more and new Risks

The paternalistic welfare state regulates life in all important aspects and we take it for granted that the government will protect us from the major risks of life. However, today even smaller risks have become a matter of government care: cigarette advertising is restricted (but not for alcohol), prostitution is regulated, the using of seat belts is enforced, there are warning labels on chicken that we should not eat them raw. As externalities are not a sufficient argument here, most of these measures sound reasonable, but stand in opposition to the principles of individualism. Are risks such as nuclear power, 'climate change' or genetic modification also in opposition to the principles of self-responsibility, free markets, and individual liberty? In other words, can the welfare state create a risk-free society? We have to be aware of the paradoxical consequences towards the consciousness of people. Although, people do not necessarily want to shift their responsibility for any predicament to the government, the more the state covers daily hazards and tries to eliminate them, the more they become incapable of even realizing and coping with those risks.

To reiterate, today's attitudes shaped by individualistic life styles are structurally unable to support traditional services. We also have to consider social risks, such as cultural tendencies, collective habits, or social trends....

After all, due to our liberation with boundless possibilities, our private sphere is getting riskier too. Why should people believe in continuity, why should they engage in mutual commitments, in responsibilities, etc. when they can trust their wives or your husbands less then the various departments of the welfare state? On balance, hospitals look quite reliable, our welfare payments arrive on time and most government departments seem dependable. The more individualized, emancipated and autonomous the circumstances, the more individuals have a tendency to develop a welfare-oriented attitude, simply because they depend more on collective institutions. In an environment where people put more trust in the government's bureaucracy than in the reliability of their own relatives or friends, the state must take over the paternalizing role of 'Big Brother'.

And as a result, the welfare state becomes the honorable father and mother, brother and sister, wife and husband. The daydream of a risk-free society turns out to be quite a risky gamble as risk elimination creates hazards faster than they are being eliminated. A vicious circle again.

The Efficient Welfare State must be Prevented

As there is a trade off between civil liberties and a crime- or problem free society, most people think that prevention is often much more reasonable than repair and they even ask for an increase of the welfare state's effectiveness. Therefore, *ex ante preventions* of undesired social developments are viewed as more reasonable and cost efficient than any *ex post corrections*. Unlike the legal system that does not only punish criminal behavior but also impedes social misbehavior, any enforced prevention of human actions by the authorities will gain momentum and before long will substitute established civil rights by assuming a politically predetermined outcome. While the traditional ex post therapeutic welfare state is set up to identify and repair existing problems in order to justify social interventions, the ex ante preventive state will have to identify conjectural or dormant problems ahead of their occurrence in order to unleash its political power and means. This, however has dangerous social, political and cultural consequences.

In order to prevent certain activities, the state has to collect and store gigantic quantities of so-called meta-data in secrecy. Citizens are surveyed, the state listens in people's phone conversations or are bullied into filling out elaborate forms where they have to state what they think that they think. But most of these collected data neither reflect the feelings of human beings nor reveal the mechanics of markets and cultures. As ordinary citizens are left helplessly exposed to the overpowering information about the urgency for new preventive programs, new appealing sound bites are created and the machinery of the welfare state shifts into an unrestrained dynamic. As a result of campaign pledges, vote maximizing politicians tend to start the preventive state intervention even prior to their democratic resolution. Further restrictions of civil liberties or even the adoption of undemocratic measures usually follow suit. Attempts to censor the press, surveillance cameras, listening devices, bugs, spying, or mandatory disclosure of financial holdings or launching the idea of restricting the use of cash are but a few examples. Prevention used as a general rule and implemented by advanced welfare administrations will lead to a comprehensive control of its citizens. Individualists, political opponents, or independent and critical thinkers are gradually pushed aside, courageous whistleblowers are quickly shunned or branded traitors.

When social problems are removed before they are even experienced as such, the *enlightened* state tends to limit our civil liberties. Thus, we witness yet another paradoxical situation: On the one side it sounds like a reasonable strategy to foster prevention instead of repair. On the other hand however, this kind of reasonable strategy is the most acutely threatening attack on a society of free people and free markets. Where everything is secure at all times, no freedom can exist. Therefore, we should at least push for the *inefficient* welfare state.

Calculating Benefits will Generate more Selfishness

The welfare *consciousness* is shaped by rationality, but at the same time it disconnects itself from the rational calculating perspective of a market economy. The modern welfare state has *'de-stigmatized'* social transfers and lifted any embarrassment from people on welfare. W*elfare recipients* usually keep their dignity and are neither treated as people who live by the grace of others nor do they get their payments by being forced to stand in line with others. Since payments are transferred onto their checking account there is no guilt feeling left as it makes benefits foreseeable and computable. However, as an unintended consequence these *social achievements* generate behavioral changes that aggravate the problems. People are encouraged, and are calculating their chances. Moreover, they employ their entrepreneurial skills in approved or unlawful ways, to compute forthcoming paybacks from the state.

Since students are pushed to make full use of state educational benefits, they carefully evaluate the prospects of their enrollment date or decides to stay in school longer. If a couple wants to get a larger '*gift*' from the state, they schedule their wedding dates according to the most advantageous time frame. Even the birthdays of their babies are calculated around the availability of the largest child support for the longest time. At the end of the day, the majority tends to discover ways to outwit the system and to claim lucrative advantages. The failed elimination of poverty is just one dramatic example.

We have again a paradoxical combination of tendencies, as the rising *de-stigmatization* which is viewed as a positive effect, undermines the welfare state's intentions and leads to a rising calculability as an undesired effect. Therefore, the welfare state makes unpleasant social situations more attractive, and thus opens up new opportunities.

There is no Solidarity in a Welfare State

The welfare state aims at assuring a protected, relaxed and mostly healthy life by lifting all kinds of predicaments from its citizens and attempts the prevention of outright poverty or disaster.

If we look at solidarity as the volume of redistribution, Western democracies seem to have an extremely high level of solidarity and we are tempted to appreciate our systems accordingly. However, our daily experience tells a different story. The gigantic volume of redistribution is not much more than a government enforced gesture of affection that does not even carry the remotest resemblance of a face-to-face solidarity. To the contrary, because societies allocate much more importance to material wealth that goes along with the expeditious process of a *de-solidarization* or kind of alienation among individuals. The most obvious reason for this development is the sheer size of today's democratic societies. The option to rely on solidarity, on love or community spirit as a mechanism of voluntary social coordination, is restricted to overseeable groups, villages or small bands.

The somewhat neurotic feeling of living in a welfare system and being torn between a faint uneasiness and total relaxation, was well analyzed by F.A. von Hayek. In his theory of cultural evolution he showed that in our actions we are still craving for the coziness of small groupings and have not yet adapted our behavior to the dynamic mechanisms of today's large societies where people rarely know each other. Accordingly, solidarity fades away when extended clusters begin to disconnect from each other. Somewhat formalized relations between individuals gain importance, and the consciousness of mutual altruism, which is strong in face-to-face relations, mutates into a welfare awareness. The face-to-face-solidarity hides in remote corners and solidarity between individuals becomes somewhat romantic.

The faster the rest of solidarity disappears, the more social problems are transferred to state administrations and a free rider option becomes common. This leads to a rejection of self-responsibility. As a consequence, countless public support programs persuade people to suppress their inborn feelings of warm affection. In order to keep a national coherence, governments are forced to intervene and reconstruct the feeling of solidarity by artificially introducing formalistic mechanisms of relationships between its citizens.

In other words, we experience a substitution of one kind of solidarity for another, due to yet another paradox: In spite of the high volume of redistribution, welfare awareness is neither necessarily a perception of solidarity nor are these enormous redistribution transfers done with the slightest feeling of solidarity. More to the point, our current welfare state is based on non-solidarity and does not at all promote solidarity.

Conclusion

The problems of the current welfare state are neither necessarily nor exclusively caused by vote maximizing or corrupt politicians, wrong forecasts of experts, or greedy freeloaders. More to the point, the modern welfare state is an inconsistent and illogic artificial structure. Most theories of and about the welfare state are flawed because they focus exclusively on hard facts and do not allow for cultural or socio-economic inconsistencies. The welfare state consciousness is a comfortable, satisfied and, at the same time, a pessimistic consciousness. Nearly all of the problems people deplore as harmful consequences of the welfare state are simply consequences of the welfare state's own success, which is its failure. As the world has changed significantly since *Otto von Bismarck's* introduction of welfare measures in Germany (1889), due to the deeply rooted welfare consciousness it is an illusion to assume that the destruction or even reconstruction or systematic reform of the welfare state would immediately revive solidarity, families, private institutions or self responsibility. Much worse, it will have to spin out of control first.

Referncies

Journal of Law & Economics, Volume XXI (2), October 1978, 245-268

"*Lessons from the Financial Crisis: The International Dimension,*" 15 January 2009

ALGUNOS APUNTES SOBRE LA SUPERIORIDAD MORAL DEL CAPITALISMO, A PARTIR DE *"LA MENTALIDAD ANTICAPITALISTA"* DE LUDWIG VON MISES Y DEL PENSAMIENTO DE ALBERTO BENEGAS LYNCH (h)

Guillermo Luis Covernton

El Dr. Alberto Benegas Lynch (h) ha sido enormemente influyente en la difusión de las ideas de la libertad en Latinoamérica. En sus diversas obras ha abordado una cantidad amplia de temas, enfoques y propuestas, a veces tenidas como radicales. Una de las que más impacto ha producido en mi formación académica, desde que lo escuché en persona por primera vez, allá por el inicio de la década de los `80s, es lo que se ha dado por denominar "la mentalidad anticapitalista", y que el mismo Mises expone en una obra que lleva precisamente ese nombre [1].

Es un tema que el Dr. Benegas ha citado con frecuencia, refiriéndose a la visión de Ludwig von Mises [2], y ha enfatizado en la manera cómo influye este planteo, en la opinión del público [3].

Esta "mentalidad" se caracteriza, en su visión, por el rechazo a la idea del lucro, del rol del mercado y de las causas de la pobreza [4].

---

[1] Ver: Mises, Ludwig Edler von: *"La mentalidad anticapitalista"*. Madrid. Unión Editorial. 1995. ISBN: 84-7209-286-0.

[2] Ver: Benegas Lynch (h), Alberto: *"¿Puede sobrevivir el capitalismo?"* En: http://opinion.infobae.com/alberto-benegas-lynch/2014/03/01/puede-sobrevivir-el-capitalismo/

[3] Ver: Benegas Lynch (h), Alberto: *"Hollywood en acción"* : En: http://www.hacer.org/latam/opinion-hollywood-en-accion-por-alberto-benegas-lynch-h/

[4] Ver: Benegas Lynch (h), Alberto: *"CUMBRE DE LAS AMÉRICAS: UN FIASCO"*. En https://eseade.wordpress.com/2015/04/15/cumbre-de-las-americas-un-fiasco/

En la obra que analizamos, Ludvig von Mises afirma que el sistema capitalista liberal está orientado a la producción de cada vez mayores cantidades de bienes y servicios, para abastecer a un número cada vez mayor de consumidores, sacándolos de la pobreza y acercándolos a la llamada "clase media". Lo que en el lenguaje de Marx, eran los aborrecidos "burgueses". Este sistema debe ser, necesariamente, democrático y republicano, ya que las opiniones de cada uno se expresan a través de sus elecciones en el mercado. Y se materializan en sus decisiones de compra o de abstenciones de comprar. Por estas razones, se ubica en la antítesis de la planificación gubernamental: "...el soberano consumidor..., comprando o absteniéndose de comprar, decide, en última instancia, lo que debe producirse, en que cantidad y de que calidad"[5].

Este proceso de asignación de recursos, que es de la esencia del capitalismo, está implícito en el verdadero concepto de empresa, que es a lo que muchos pretenden aludir, cuando utilizan ese redundante término: "Empresa privada". No se insistirá nunca lo suficiente al recalcarse que solo es empresa, una hacienda privada que se dedica a correr riesgos. Y que intenta proveer a los consumidores y usuarios de bienes y servicios, de aquellos efectos que ellos demandan, a precios cada vez más baratos y en cantidades cada vez más abundantes, así como de mejor calidad.

Queda, por lo tanto, bien claro que tal cosa como un ente público, que no arriesga a desaparecer en caso de perder capital, ni requiere del aval de sus accionistas para establecer sus políticas productivas y de precios, no tiene nada que ver con una verdadera empresa.

Una empresa no es un simulacro o un pasatiempo: o se asumen riesgos con patrimonios propios y se gana o se pierde según se satisfaga o no las necesidades del prójimo, o se está ubicado en una entidad política que asigna recursos fuera de los rigores del mercado, es decir, según criterios de la burocracia del momento[6].

---

[5] Ver: Mises, Ludwig Edler von: *"La mentalidad anticapitalista"*. Madrid. Unión Editorial. 1995. ISBN: 84-7209-286-0. Pag. 199.

[6] Ver Benegas Lynch (h), Alberto: *"¿Hay oposición en Argentina?"*. En: https://eseade.wordpress.com/2014/06/12/hay-oposicion-en-la-argentina/

Cualquier otro ente, fundado a la sombra del poder y con patrimonio quitado a los ciudadanos, compulsivamente mediante impuestos, generará una utilización de los recursos de capital de manera contraria a la que hubieran elegidos los verdaderos empresarios, porque de no ser así, hubiera sido mucho más razonable dejar el negocio a los privados. Si el estado lo necesita asumir, es porque a esas tasas de rentas, nadie se interesa.

> esa... empresa estatal, inexorablemente significa... un derroche de capital, esto es, habrá utilizado los recursos en una forma distinta de lo que lo hubieran hecho sus titulares, lo cual, a su vez, se traduce en reducción de salarios e ingresos en términos reales puesto que éstos dependen de las tasas de capitalización[7].

Uno de los principales problemas que enfrenta la economía es el problema de cómo decidir la mejor asignación de recursos posibles. El rol del mercado juega un papel esencial en la determinación de un sistema de precios que permita diferenciar entre los costos y beneficios de utilizar ciertos sistemas de producción en lugar de otros. Esa es la única forma de poder determinar si nos: "conviene construir los caminos con oro o con pavimento".[8]

El capitalismo se caracteriza por ser un sistema sin privilegios. Aborrece los privilegios y abroga los privilegios, por el mismo mecanismo de asignación de recursos, ganancias y pérdidas y por los determinantes del éxito y el fracaso de una empresa determinada. A diferencia de los sistemas aristocráticos y basados en prebendas, nadie puede permanecer en una actividad, si no es sirviendo de la mejor manera a los millones de consumidores, a los que aspira tener como clientes.

El progreso se basa en el enorme cambio tecnológico y de los mecanismos de producción que el sistema de producción industrial ha permitido, al estilo de la gran fábrica moderna. Estas estructuras de capital acumulado exigen del sistema de gran empresa, y se for-

---

[7] Ver Benegas Lynch (h), Alberto: *"¿Hay oposición en Argentina?"*. En: https://eseade.wordpress.com/2014/06/12/hay-oposicion-en-la-argentina/
[8] Ver Benegas Lynch (h), Alberto: *"Cavilaciones de un liberal"*. Buenos Aires. Edicions Lumiere, 2004. ISBN 950-9603-72-4 Pag. 48.

man con su propiedad atomizada en los mercados de capitales en el cual colocan sus acciones y donde consiguen el capital necesario. Ellas son las que han dado lugar a la enorme prosperidad que ha traído como correlato el capitalismo:

La revolución industrial, desde su inicio, ha venido beneficiando continuamente a las multitudes. Aquellos desgraciados que, a lo largo de la historia, formaron siempre el rebaño de esclavos y siervos, de marginados y mendigos, se transformaron, de pronto, en los compradores, cortejados por el hombre de negocios, en los clientes "que siempre tienen razón", pues pueden hacer ricos a los proveedores ayer pobres, y pobres a los proveedores hoy ricos. La economía de mercado, cuando no se halla saboteada por los arbitrismos de gobernantes y políticos, resulta incompatible con aquellos grandes señores feudales y poderosos caballeros que en otros tiempos mantenían sometido al pueblo, imponiéndoles tributos y gabelas, mientras celebraban alegres banquetes con cuyas migajas y mendrugos, los villanos malamente sobrevivían. La economía basada en el lucro hace prospera a quienes, en cada momento, por una razón u otra, logran satisfacer las necesidades de la gente del modo mejor y más barato posible. Quien complace a los consumidores progresa. Los capitalistas se arruinan tan pronto como dejan de invertir allí donde, con mayor diligencia, se atiende la siempre caprichosa demanda. Es un plebiscito, donde cada unidad monetaria confiere derecho a votar. Los consumidores, mediante tal sufragio, deciden a diario quienes deben poseer las factorías. Los centros comerciales y las explotaciones agrícolas. Controlar los factores de producción es una función social sujeta siempre a la confirmación o revocación de los consumidores soberanos[9].

El papel central, en todo este mecanismo de asignación de recursos, lo constituyen las ganancias y las pérdidas. Estas son las que van a determinar la permanencia o el fracaso de los verdaderos empresarios. Y es por esta misma intrínseca razón que los gobiernos que quieren privar a los ciudadanos de este poder y de esta soberanía, sabotean en primer lugar la obtención de ganancias, ya sea con la competencia desleal de pseudo "empresas" de propiedad estatal o

---

[9] Ver: Mises, Ludwig Edler von: *"La mentalidad anticapitalista"*. Madrid. Unión Editorial. 1995. ISBN: 84-7209-286-0. Pag. 199 y 200.

con otros mecanismos más complejos de intervenciones en el proceso de formación de precios. O de arbitrarias determinaciones de tipos de cambios discrecionales.

No hay nada más alejado de la libre competencia, que las prebendas, subsidios o privilegios de esas caricaturas de empresas que se ha dado en llamar "empresas públicas".

…si se sostiene que la entidad política de marras no hará daño porque "compite" con empresas de igual ramo, debe aclararse que no hay tal cosa ni puede haberlo. Esto es así porque la entidad política, por definición, cuenta con privilegios de muy diversa naturaleza y si se contraargumenta que se prohibirán los privilegios y que, por tanto, habrá genuina competencia, debe responderse que, entonces, no tiene ningún sentido que dicha entidad opere en el ámbito político y que, para probar el punto de la real competencia el único modo es competir, es decir, zambullirse en el mercado con todos los antedichos rigores[10].

Entre los otros mecanismos ocultos, destinados a torcer forzadamente el brazo a la voluntad de consumidores y clientes, está la utilización de los impuestos como herramienta parafiscal, es decir para lograr objetivos que nada tienen que ver con el financiamiento de las actividades específicas del estado. Esta herramienta perversa son los llamados "Impuestos progresivos", que lejos de acarrear progreso, tienen como consecuencia el atraso, el estancamiento y la dilapidación del capital acumulado.

La demonización de las ganancias, asumiendo que estas son malas y deben ser perseguidas impositivamente, da lugar a la sanción de impuestos, llamados capciosamente "progresivos", en los que la alícuota es creciente conforme crece la base imponible, y como puede notarse rápidamente, tienden a destruir la posibilidad de formación de capital y de incorporación y creación de nuevas tecnologías, lo que, por supuesto, aleja el progreso y la prosperidad de nuestros horizontes posibles. Por eso mismo, mejor deberían denominarse "regresivos", porque nos retrotraen a la pobreza, la miseria y a los sistemas de producción artesanales. Como muy bien se ha dicho:

[10] Ver Benegas Lynch (h), Alberto: *"¿Hay oposición en Argentina?"*. En: https://eseade.wordpress.com/2014/06/12/hay-oposicion-en-la-argentina/

la progresividad significa una serie de elementos negativos, sumamente contundentes, ... mirando la pirámide patrimonial, los que la vienen ascendiendo ... quedan en el camino, ... mientras que los que se ubicaron en el vértice ... quedan en esa posición, por más que cambie el dibujo de la pirámide. Esto produce el gravísimo efecto de no permitir la movilidad social. ... dentro del sistema, resulta imposible progresar.

En segundo lugar, el impuesto progresivo es en realidad, regresivo ya que al castigar más que proporcionalmente a quienes mejor sirvieron a sus congéneres, hace que se contraiga la inversión y por tanto las tasas de capitalización que, a su vez, redunda en menores ingresos y salarios en términos reales[11].

Esta enfermedad, por la que los gobiernos se sienten autorizados a distorsionar completamente las estructuras de rentabilidad, acumulación de capital, riquezas y rentas, es claramente anti mercado. Porque debe insistirse en que, estas posiciones, surgiendo de un proceso de mercado, son el resultado de la voluntad soberana de todos aquellos que comprando o dejando de comprar, premian o castigan a los diferentes agentes, en función a la contribución que cada uno de ellos hace al bienestar y la satisfacción de las necesidades de sus semejantes.

Atacan la misma esencia democrática del proceso de asignación de recursos. Y afectan el principio republicano de igualdad ante la ley. Y como son anti mercado, por el mismo motivo conspiran contra la prosperidad, el crecimiento, la mejora de los salarios reales, el desarrollo de nuevas tecnologías, la baja de los costos y la satisfacción más amplia de cada vez más necesidades. Claramente se ha condenado:

En materia de hacienda pública, debe rechazarse todo intento de implantar gravámenes de contenido extra fiscal, precisamente porque su objetivo consiste en alterar la estructura económica establecida por los consumidores en el mercado[12].

---

[11] Ver Benegas Lynch (h), Alberto: *"Cavilaciones de un liberal"*. Buenos Aires. Edicions Lumiere, 2004. ISBN 950-9603-72-4 Pag. 104.
[12] Ver Benegas Lynch (h), Alberto: *"Contra la corriente"*. Buenos Aires. Editorial El Ateneo, 1992. ISBN 950-02-3621-4 Pag. 79.

Mises detalla cuales son los mecanismos psicológicos que mueven a tantas personas a aborrecer, criticar y pretender derribar el sistema capitalista, sin percatarse, ellos mismos, mientras tanto, que la libertad con la que cuentan, poca o mucha, depende inequívocamente del mantenimiento de un sistema capitalista. Porque solo en el sistema capitalista puro, el ciudadano común, el consumidor y el cliente gozarán de esa absoluta libertad de opinar y sancionar a sus semejantes.

En una sociedad estamental, el sujeto puede atribuir la adversidad de su destino a circunstancias ajenas a sí mismo. Le hicieron de condición servil y por eso es esclavo ...
La cosa ya no pinta del mismo modo bajo el capitalismo. La posición de cada uno depende de su respectiva aportación ...
La tan comentada dureza inhumana del capitalismo estriba precisamente en eso, en que se trata a cada uno según su contribución al bienestar de sus semejantes. El grito marxista "a cada uno según sus merecimientos", se cumple rigurosamente en el mercado, donde no se admiten excusas ni personales lamentaciones[13].

Esta sociedad meritocrática, en la que todo depende de nosotros mismos, no es del todo cómoda para aquellos que son temerosos de asumir desafíos, o no tienen la suficiente capacidad o constancia para luchar por las metas que se han propuesto.

Por otra parte, cabe insistir repetidamente, la sociedad capitalista, al permitir a cualquiera sobresalir, sin más apoyo que el de sus méritos personales, o sea su capacidad para tener éxito en el mercado, logrando proporcionar a los demás los bienes que ellos ansían, a costos cada vez menores y con calidades cada vez mayores, permite aprovechar la inventiva, la creatividad, la innovación de absolutamente todos, ya que no hacen falta ostentar privilegios de cuna, raza, riqueza ni clase.

Una idea innovadora, un producto diferente, un servicio más adecuado, todo a costos más accesibles, permiten a un simple innovador sin capital, acudir a los mercados financieros o de inversión de

---

[13] Ver: Mises, Ludwig Edler von: *"La mentalidad anticapitalista"*. Madrid. Unión Editorial. 1995. ISBN: 84-7209-286-0. Pag.205 y 206.

riesgo y recolectar sumas enormes que le permitirán implementar sistemas de producción avanzados, aún aquellos que requieren de vastas economías de escala. Esto libera de tal modo la creatividad que posibilita la increíble e impredecible revolución que se ha visto en el mundo, en los últimos 350 años, en donde la cantidad y variedad de logros tecnológicos supera ampliamente a todo lo que había logrado el hombre sobre la tierra en toda su historia.

La esencia del capitalismo liberal radica en premiar a aquellos que se esfuerzan y que sirven a los demás. Es por eso que el ordenamiento social derivado del capitalismo va a ser siempre aborrecido por el orden conservador. Las personas conservadoras, no podrán confundirse nunca con las personas de ideas liberales, por sus diferencias sustanciales:

El conservador muestra una inusitada reverencia por la autoridad mientras que el liberal siempre desconfía del poder.

El conservador pretende sabelotodos en el gobierno a lo Platón, pero el liberal, a lo Popper, centra su atención en marcos institucionales que apunten a minimizar el daño que puede hacer el aparato estatal.

El conservador es aprensivo respecto de los procesos abiertos de evolución cultural, mientras que el liberal acepta que la coordinación de infinidad de arreglos contractuales produce resultados que ninguna mente puede anticipar, y que el orden de mercado no es fruto del diseño ni del invento de mentes planificadoras.

El conservador tiende a ser nacionalista- "proteccionista", mientras que el liberal es cosmopolita-librecambista.

El conservador propone un sistema en el que se impongan sus valores personales, en cambio el liberal mantiene que el respeto recíproco incluye la posibilidad de que otros sostengan principios muy distintos mientras no lesionen derechos de terceros.

El conservador tiende a estar apegado al *status quo* en tanto que el liberal estima que el conocimiento es provisorio sujeto a refutaciones lo cual lo torna más afín a las novedades que presenta el progreso.

El conservador suscribe alianzas entre el poder y la religión, mientras que el liberal las considera nociva.

El conservador se inclina frente a "estadistas", en cambio el liberal pretende despolitizar todo lo que sea posible y estimula los arreglos voluntarios: como queda dicho, hace de las instituciones su leitmotiv y no las personas que ocupan cargos públicos[14].

Hay quienes encuentran en este rechazo por el enaltecimiento del éxito en el servicio a los demás, en la creatividad y en la perspicacia empresarial, un argumento de gran peso que abona el rechazo a la idea capitalista. Mises cita a Justus Moser como un claro observador de las consecuencias psicológicas que acarrearía una sociedad en donde los logros personales y no los designios anteriores fueran los que condicionaran las posiciones futuras y la movilidad social:

> Justus Moser inicia la larga serie de autores alemanes opuestos a las ideas occidentales de la ilustración, del racionalismo, del utilitarismo y del laissez faire. Irritábanle (sic) los nuevos modos de pensar que hacían depender los ascensos, en la milicia y en la administración pública, del mérito, de la capacidad, haciendo caso omiso de la cuna y del linaje, de la edad biológica y de los años de servicio. La vida –decía Moser- sería insoportable en una sociedad donde todo dependiera de la valía individual. ...cuando la posición social viene condicionada por factores ajenos, quienes ocupan lugares inferiores toleran la situación –las cosas son así- conservando intacta la dignidad y la propia estima, convencidos de que valen tanto o más que los otros. En cambio, el planteamiento varía si sólo decide el mérito personal; el fracasado se siente humillado; rezuma odio y animosidad contra quienes le superan[15].

Pues bien, esa sociedad en la que el mérito y la propia ejecutoria determinan el éxito o el hundimiento es la que el capitalismo, apelando al funcionamiento del mercado y de los precios, extendió por donde pudo[16].

---

[14] Ver: Benegas Lynch (h), Alberto: *"Descarrilamiento en la cuna de la democracia"*. En: https://eseade.wordpress.com/2015/02/18/descarrilamiento-en-la-cuna-de-la-democracia/

[15] Justus Moser: *"Ningún ascenso por méritos" (primera edición 1772)*, Sammtliche Werke, ed B.R. Abeken, Berlín 1842, vol II, pp. 187-191. Citado por Mises, Ludwig Edler von: *"La mentalidad anticapitalista"*. Madrid. Unión Editorial. 1995. ISBN: 84-7209-286-0. Pag.206 – 207.

[16] Ver Mises, Ludwig Edler von: *"La mentalidad anticapitalista"*. Madrid. Unión Editorial. 1995. ISBN: 84-7209-286-0. Pag.206 – 207.

Como puede concluirse, cuando el mérito es premiado actúa claramente como un incentivo para buscar el modo de mejor satisfacer a las necesidades de los demás individuos. Este concepto es claramente contradictorio con la idea falsa y muy difundida de que el capitalismo y el liberalismo predican el egoísmo y el individualismo, cosa que también contradice a las ideas de Adam Smith y su concepto de la "mano invisible".

Siguiendo estos razonamientos puede resultar claro que la búsqueda del propio interés está absolutamente condicionada al logro de los objetivos de los demás, e incluso, el mayor grado de éxito se correlaciona con el servicio al mayor número posible de interesados. Como podemos deducir, es un sistema que no apela ni necesita de la virtud de las personas, sino más bien, las impulsa a ese tipo de comportamiento.

En última instancia, se trata de una cuestión de incentivos que permitan la cooperación libre y pacífica. Independientemente de la bondad o la maldad de distintos individuos, los incentivos adecuados ponen límites estrictos a la invasión a los derechos de cada cual y estimulan el entendimiento de la gente en pos de sumas positivas. En este cuadro de situación se tenderá a sacar lo mejor de cada uno, a diferencia de incentivos perversos que tienden a sacar lo peor de las personas. Los incentivos de todos operan en dirección a pasar de una situación menos favorable a una que le proporcione al sujeto actuante una situación más favorable. Esto es independiente de cuales sean las particulares y subjetivas metas de cada uno. Siempre será un incentivo este paso de una situación a otra y será un desincentivo lo contrario (a veces denominado contraincentivo). Para que esto ocurra es indispensable una atmósfera de libertad cuya contratara es la responsabilidad[17].

Se hace evidente aquí la importancia de las instituciones, como garantes de todo este proceso en el que, quién se orienta hacia al interés de las demás personas, tratando de satisfacer a cada vez más individuos, en sus personales demandas, resultará beneficiado y recompensado. El sistema de precios, derivado de un proceso de

---

[17] Ver: Benegas Lynch (h), Alberto: *"Alinear incentivos".* En: *https://eseade.wordpress.com/2013/09/06/alinear-incentivos/*

mercado sin interferencias gubernamentales es central, Asimismo resultan esenciales la libre disposición de las utilidades resultantes, así como lo son, por supuesto los derechos de propiedad sobre los factores de producción, que son los únicos que dan la posibilidad de poder negociar los antedichos precios, sin ningún tipo de coacción ni de otros condicionantes. Y el cumplimiento de los contratos asume también un rol clave.

Los arreglos contractuales ajustan distintas situaciones al efecto de alinear intereses, tal como sucede en los ejemplo elementales del empleado y el empleador o de los gerentes y los accionistas (respectivamente agente y principal en cada caso) o cuando aparece la posibilidad de selección adversa o el riesgo moral (por ejemplo cuando compañías de seguros que optan por asegurar en grupos para evitar primas elevadas y así distribuir riesgos).

El entramado de incentivos que permiten la armónica y productiva cooperación social está basado en la institución de la propiedad privada. Dado que los recursos son limitados en relación a las necesidades ilimitadas, la propiedad privada permite que se les dé el uso más eficiente a los factores de producción disponibles. El cuadro de resultados establece un sistema de recompensas para quienes mejor atienden las necesidades del prójimo y de castigo para quienes se equivocan en el uso de sus recursos en cuanto a las preferencias de los demás. Asimismo, este aprovechamiento de los bienes existentes conduce a la maximización de las tasas de capitalización, lo cual, a su turno, hace que aumenten los salarios e ingresos en términos reales.

En cambio, cuando irrumpe "la tragedia de los comunes" donde no se asignan derechos de propiedad, el panorama de incentivos se modifica sustancialmente. El comportamiento de personas que viven en un mismo edificio es radicalmente distinto cuando cada uno posee un departamento respecto a cuando todo es de todos. El trato cambia, los modales y la convivencia operan de forma diferente. Como queda dicho, el derecho de propiedad hace florecer lo mejor de las personas, mientras que la colectivización muestra la peor cara. En cada intercambio libre y voluntario, es decir, en el contexto de la sociedad contractual, las partes se agradecen mutuamente, sea en una transacción comercial o en una simple conversación, por el contrario, cuando todos pelean por lo que existe sin que nadie tenga títulos de propiedad se traduce en la lucha de todos contra todos.

175

El derecho a la propiedad privada deriva del derecho a la vida: la posibilidad de usar y disponer el fruto del propio trabajo y muchos de los goces no crematísticos están también vinculados con esa institución, como la libertad de expresión atada a la propiedad de imprentas, periódicos, ondas electromagnéticas y equivalentes, la preservación de la intimidad presupone la inviolabilidad del domicilio, el matrimonio supone el respeto a los consiguientes arreglos contractuales, el teatro y el cine libres e independientes dependen de edificios y otras propiedades, y así sucesivamente[18].

Como vemos, la elección del capitalismo como una vía para alcanzar el avance material, pero así también el progreso cultural, tecnológico y de las artes en general, implica una elección moral. Se trata de la aceptación de la diversidad, del respeto por el pensamiento alternativo. Del reconocimiento del derecho de todos a intentar su empresa y a arriesgar sus valores en busca del éxito empresarial, que no es otra cosa que el éxito en la interpretación y comprensión de las escalas valorativas subjetivas de los demás individuos que nos rodean. Y que tienen objetivos muy diferentes y variados. Es la aceptación de la competencia leal y franca, en pié de igualdad, sin prebendas, privilegios, proteccionismos ni ventajas de ninguna índole. Es la antítesis del feudalismo, de la sociedad estamental, de los privilegios hereditarios, de la cooptación y de la imposición del pensamiento único.

La nota característica de la economía de mercado consiste en beneficiar a la inmensa mayoría, integrada por hombres comunes, con una participación máxima en las mejoras derivadas del actuar de las tres clases rectoras, integradas por los que ahorran, los que invierten y los que inventan métodos nuevos para la mejor utilización del capital. El incremento individualmente considerado de este último eleva, de un lado, la utilidad marginal del trabajo (los salarios) y, de otro, abarata las mercancías. El mecanismo del mercado permite al consumidor disfrutar de ajenas realizaciones, obligando a los tres mencionado círculos dirigentes de la sociedad a servir a la inerte mayoría de la mejor manera posible.

---

[18] Ver: Benegas Lynch (h), Alberto: *"Alinear incentivos".*
En: *https://eseade.wordpress.com/2013/09/06/alinear-incentivos/*

Cualquiera puede formar parte de aquellos tres grupos impulsores del progreso social. No constituyen clases ni, menos aún, castas cerradas. El acceso es libre; ni exige autoritaria patente ni discrecional privilegio. Nadie puede vetar a nadie la entrada. Lo único que se precisa para convertirse en capitalista, empresario o descubridor de nuevos métodos de producción es inteligencia y voluntad[19].

Se describe un modelo social que nada tiene que ver con el mundo que el marxismo cultural y el socialismo han querido promover, en donde se asocia al capitalismo como un sistema perverso de empresarios que padecen de los más pérfidos defectos y que buscan enriquecerse a costa del esfuerzo de las masas explotadas. Como puede verse, el verdadero capitalismo liberal, prospera y crece en democracia y a la sombra de los principios republicanos de igualdad ante la ley, respeto por los contratos y por la propiedad privada de los medios de producción.

No tiene ninguna relación con un sistema de castas o clases de explotadores minoritarios que se aprovechan de masas de voluntariosos esclavos. De hecho, el respeto irrestricto por la libertad, los proyectos de vida alternativos, la propiedad privada y la soberanía de la voluntad, implícita en una legislación que no interfiera con la letra de los contratos, que operarán, entonces, como la ley entre las partes, no puede dar lugar a una sociedad con los defectos aborrecibles que se han mencionado.

Servir al prójimo (en la fase avanzada del capitalismo, a las masas) es la condición necesaria para incrementar el patrimonio. Además, la acumulación de capital beneficia y enriquece no solo a su titular sino también a los asalariados, el nivel de cuyas remuneraciones depende de la estructura de capital de la economía. Kirzner ha complementado la contribuciones de Mises destacando que todo ser humano tiene un derecho natural a los frutos de su propia creatividad empresarial, y ha demostrado que gran parte de los argumentos relativos a la "justicia distributiva" habitualmente esgrimidos han tenido su origen y fundamento en una con-

---

[19] Ver Mises, Ludwig Edler von: *"La mentalidad anticapitalista"*. Madrid. Unión Editorial. 1995. ISBN: 84-7209-286-0. Pag. 222 y 223.

cepción estática de la economía, que supone dados los recursos y la información[20].

El patrón último de la justicia deberá ser la tendencia a la preservación de la colaboración social. La sociedad no existiría si no hubiera armonía entre los intereses de sus miembros. No hay contradicción entre la economía y la ética, el individuo y la sociedad[21].

Este error que se destaca aquí, de asumir el progreso social, la prosperidad y el incremento del nivel de vida como un mecanismo automático que debe darse inexorablemente, y que el individuo merece y al que puede aspirar por su calidad de tal, es un gravísimo error, que además, ha sido contradicho por la mera observación histórica. Los seres humanos habitamos el planeta desde hacen más de 200.000 años. Y durante el 99 % de ese lapso, hemos vivido en condiciones de pobreza extrema, de ignorancia fatal y de desconocimiento de la inmensa mayoría de las tecnologías que hoy nos brindan el 99 % de los bienes y servicios que hoy consumimos. Por eso deberíamos preguntarnos: ¿Cuál ha sido la causa de este virtual milagro, que ha provocado que en apenas 350 años un porcentaje enorme de la población, claramente mayoritario, tenga hoy acceso a bienes y servicios sobre los que no podría ni haber soñado, 350 años atrás, el hombre más rico de Europa, digamos el Rey de España o Francia? ¿A que podemos atribuir esta, mal llamada "Revolución Industrial", sino a la implementación de un sistema de organización social como el que hemos descripto y que llamamos "Capitalismo Liberal"? Es un gravísimo y repetido error no reconocer la potencia civilizadora de la iniciativa privada, de la creatividad individual y de su consecuencia lógica: el sistema de libre empresa. Asumir que el progreso es algo dado y que el crecimiento radica en solamente cosechar los resultados de una "economía de giro uniforme" es uno de los problemas que más influye para obstaculizar este proceso y que impulsa al pensamiento "anticapitalista". El problema tiene una fuerte relación con la metodología adecuada para abordar esta ciencia:

---

[20] Véase: Kirzner, Israel M., *"Creatividad, capitalismo y justicia distributiva"*, trad., F Basáñez Agarrado, Barcelona: Ediciones Folio, 1997 [1989]. La cita es del original.
[21] Ver: Benegas Lynch (h), Alberto et. al: *"El fin de las libertades. El caso de la ingeniería social"*. Buenos Aires. Ed. Lumiere. 2003. ISBN: 950-9603-61-9. Pag. 187.

Quienes se hallan habituados a recurrir, para la investigación científica, a laboratorios, bibliotecas y archivos se inquietan al tropezarse con la singularidad heurística de la economía, singularidad que, desde luego, sobrecoge a la fanática estrechez de miras del positivista.

Desearían todos éstos hallar en los libros de economía razonamientos coincidentes con su preconcebida imagen epistemológica de la ciencia; quisieran creer que los temas económicos pueden abordarse por las vías de investigación de la física o la biología. Cuando advierten que por ahí no es posible progreso alguno en economía, quedan desconcertados y desisten de abordar seriamente unos problemas cuyo análisis requiere singular tratamiento mental.

A consecuencia de tal ignorancia epistemológica, el progreso económico lo atribuyen normalmente a los adelantos de la técnica y de las ciencias físicas. Creen en la existencia de un automático impulso que haría progresar a la humanidad. Tal tendencia –piensan- es irresistible, consustancial al destino del hombre, y opera continuamente, cualquiera que sea el sistema político y económico prevalente. No existe, para ellos, relación de causalidad alguna entre el pensamiento económico que prevaleció en occidente a lo largo de las dos últimas centurias y los enormes progresos conseguidos paralelamente por la técnica. Tal progreso no sería, pues, consecuencia del liberalismo, el librecambismo, el laissez faire o el capitalismo; se habría producido inexorablemente bajo cualquier organización social imaginable.

Las doctrinas marxistas sumaron partidarios precisamente porque prohijaron esta popular creencia, vistiéndola con un velo pseudofilosófico grato tanto al espiritualismo hegeliano, como al crudo materialismo. Según Marx, las fuerzas productivas materiales constituyen una realidad fundamental, independiente de la voluntad y la acción del hombre; siguen el curso que les marcan leyes inescrutables e insoslayables, emanadas de un desconocido poder superior; mudan de orientación misteriosamente, obligando a la humanidad a readaptar el orden social a tales cambios, rebelándose cuando cualquier poder humano pretende encadenarlas. La historia esencialmente no es otra cosa que la pugna de las fuerzas productivas por liberase de opresoras trabas sociales[22].

---

[22] Ver Mises, Ludwig Edler von: *"La mentalidad anticapitalista"*. Madrid. Unión Editorial. 1995. ISBN: 84-7209-286-0. Pag. 220 y 221.

Es menester destruir o corromper la democracia, instalar la arbitrariedad como norma y establecer la confiscación de la propiedad como método disciplinario destrozando la autonomía de la voluntad, para poder establecer un sistema diferente.

Y hay que ser absolutamente consciente de la necesidad de admitir, no solo las críticas, sino la perversa maquinaria intelectual que se despliega para aprovechar de la tolerancia innata del sistema capitalista, aún hacia aquellos que claramente no se plantean otro objetivo que su destrucción. A diferencia de cualquier otra filosofía política y económica, el éxito del capitalismo radica precisamente en permitir abiertamente actuar a todos aquellos que conspiran para hacerlo desaparecer.

El comunismo no admite, de ninguna manera ni el debate ni la posibilidad de acción concreta de los opositores a sus postulados. Del mismo modo, el fascismo, proscribe cualquier ideología rival o alternativa. El socialismo desmantela cuidadosamente las instituciones esenciales a la filosofía de la libertad, e incluso modernamente, corrompe los mecanismos democráticos y la igualdad ante la ley, cosa que resulta absolutamente evidente en los regímenes como los de Venezuela o Cuba.

El capitalismo liberal, en cambio, necesita imprescindiblemente, para triunfar, de liberar a las fueras creativas, a las ideas alternativas, a las concepciones sociales desconocidas o diferentes, ya que incluso las instituciones esenciales al ideal capitalista se van forjando, por un proceso evolutivo, mediante un mecanismo de prueba y error, que permite que estas se vayan puliendo y perfeccionando con el paso de los siglos, y que las hace cada vez más fuertes a la resistencia de los totalitarios. Por eso mismo, como ya se ha dicho:

> Subproducto del moderno capitalismo son todos esos frívolos intelectuales que actualmente pululan por doquier; su entrometido y desordenado actuar repugna; solo sirven para molestar. Nada se perdería si, de algún modo, cupiera acallarlos, clausurando sus círculos y agrupaciones. Pero la libertad resulta indivisible, si restringiéramos la de esos decadentes y enojosos pseudoliteratos, (sic) y apócrifos artistas, estaríamos facultando al gobernante para que definiera él qué es lo bueno y qué es lo malo; estatificaríamos, socializaríamos el esfuerzo intelectual. ¿Acabaríamos así, con los inútiles e indeseables? Posiblemente no. Pero lo que

sí es cierto es que perturbaríamos gravemente la labor del genio creativo...

La bajeza moral, la disipación y la esterilidad intelectual de estos desvergonzados pseudoescritores, (sic) y artistas constituyen el costo que la humanidad ha de soportar para que el genio precursor florezca imperturbado, (sic). Es preciso conceder libertad a todos, incluso a los más ruines, para no obstaculizar a esos pocos que la aprovechan en beneficio de la humanidad[23].

---

[23] Ver Mises, Ludwig Edler von: *"La mentalidad anticapitalista"*. Madrid. Unión Editorial. 1995. ISBN: 84-7209-286-0. Pag. 270.

AGAINST THE OLD AND THE FAMILIAR: POPPER, CHURCHLAND AND ELIMINATIVE MATERIALISM

Federico N. Fernández

Nostradamus

> *"Promissory materialism is a peculiar theory. It consists, essentially, of a historical (or historicist) prophecy about the future results of brain research and of their impact."*
> Karl Popper (1977: 97)

The intention of the present work is to make an evaluation of the most important thesis of whom –to our judgment– is the main driving force of eliminative materialism (from now on EM) in philosophy of mind, namely: the Canadian-American Paul Churchland. Our intention is to give a balanced and critical presentation.

Running the risk of moving forward, we believe that the "nickname" Karl Popper (1977) gave to this version of materialism, though quite merciless (a very typical form of the criticism of the Viennese philosopher), keeps on being precise – although more than three decades have already elapsed since that cruel Popperian baptism. So, as we know, Popper –in *The self and its brain*– called the eliminative program "promissory materialism", since it would be more related to a dire prophecy than to science. Popper considered that, in a somehow dishonest way, facing the difficulties that the identity theory experienced in trying to reduce the folk psychology (from now on FP), materialism, we might say, was withdrawing because of its own limitations towards a variant that was content with an absolutely groundless prophecy.

One of the main criticisms that eliminative materialism has received is on its characterization of the FP as a theory. And as such, a radically false one (Churchland 1981, 1984). Certainly there is no doubt that this type of criticism points at one of the central thesis of

Churchland. Nevertheless, since there are very good works on this matter, we would rather ignore the above mentioned problem. So, we would not discuss with our author if the FP is a potentially false theory. It happens that although the FP was more deceitful than a politician in election times and more mistaken than the Aristotelian physics, such a thing would not strengthen in a decisive way the futuristic thesis of Churchland.

This is because, to our understanding, there are two abysses[1] – intimately related to each other– in the thesis of Churchland and that could hardly be settled. One of them refers to the conceptual gap of EM, to its constant resource to the promise of a golden age of a future neuroscience. The other, which we have already mentioned, is the one that separates a possible destruction of the FP from its (hypothetical) substitution for a completed materialistic neuroscience.

Noblesse oblige

According to Churchland, apart from his EM, all the variants in philosophy of mind – except philosophical behaviourism, widely discredited and forsaken at present- are "conservative" (Churchland 1981). This is like this because, for our philosopher, only EM proposes frankly and openly, a displacement of the concepts and notions of common sense. The other alternatives, from dualism and (materialistic) identity theory, going through functionalism, prove to be ready to wrestle and to coexist in one way or another with the FP.

More important, for our author, is that it is a scandal that the FP has begun to be treated as a theory for only approximately fifty years. In this way, "the structural features of folk psychology parallel perfectly those of mathematical physics; the only difference lies in the respective domain of abstract entities they exploit –numbers in the case of physics, and propositions in the case of psychology" (Churchland 1981: 48).

---

[1] We use the word "abyss" metaphorically, since Churchland constantly makes us face outstanding theoretical gaps.

Perhaps it is convenient here to indicate that this aspect of Churchland's ideas seems to us certainly praiseworthy. To examine in a critical way any aspect of reality is essential to tackle a disinterested search of the truth. It is true, as Jerry Fodor (1987: xii) points out, that if there should take place a destruction of our current notions, such a thing would represent one of the biggest intellectual catastrophes in the history of Humanity. Nevertheless, not even a hypothesis of such kind should prevent any critical examination. Besides, as John Stuart Mill (1859) has noticed, no opinion should be silenced, since if it is true we would miss the opportunity to realize some discovery or to correct an error; and if it is false, such mistaken opinion would activate the "defending device" of the truth through discussion.

Anyway, this appreciative excursus that we have just done, points mainly at Churchland's encouraging attitude. That is to say, what we find it praiseworthy is the attempt at questioning notions that, almost for sure, can be catalogued as one of the most distinctive aspects of the human condition; and whose criticism defies to a great extent the fundamentals of civilization.

Now, as regards the arguments, which have been put forward to defend the elimination, our evaluation will move away from any praises.

Folk psychology and its enemies

> "Beliefs and desires are of a piece with phlogiston, caloric, and alche-
> mical essences."
> Paul Churchland (1992: 125)

Briefly, the EM problem is the following one: by no means there can be scientific categories that correspond to the letter to the habitual reference, to the desires and beliefs – since these are false and useless. Consequently, instead of trying to conciliate with the frame of the FP, it is necessary to proceed to its elimination.

Although at first sight eliminativism seems to be too extreme, Churchland (1984) tactfully shows that a great number of theories in the history of science have proved to be inadequate. Many of

184

them, were based on "observable data" but they were still eliminated. It is true that, the sun "moving" as well as "evil spirits" acting in some people, become "visible". Nevertheless, neither the present psychology nor the astronomy deal with these things. They rely on better theories that have displaced the above mentioned notions of "common sense" or traditional ones. In fact, if we want to come closer in time, a few serious economists wonder about the "surplus value", the "capitalist exploitation" or the "objective value" of things. Actually, in this last case, the subjective value theory and the marginal utility have produced a big renewal in the economics, demonstrating greater fecundity and explanatory power than its predecessors. Summing up, to believe that things should have an objective value constitutes, for the economists, a serious mistake that leads to catastrophic errors, and therefore, it is incompatible with a better explanation. Although this is a notion that has been in the history of the West for centuries, it has been abandoned due to its roughness and the poverty of its results.

Something like that would wait for FP concepts. If this one has a good reputation and high esteem, it is because of an over dimension of its "successes" and the omission of its notable failures and stagnation... of twenty-five centuries! (Churchland 1981). Also, another additional problem is how to make the FP cohere with other well established theories in adjacent and superimposed fields (for example: evolution, biology and neuroscience). For Churchland, such compatibility turns out to be an illusion.

Of course, common sense notions will find their destiny in the "coffer of the memories", *once neuroscience reaches certain development level* – much higher than the current, we presume. This will allow it to establish a new frame of reference, "truly suitable" Churchland hopes. With this one, not only will our way of introspection change completely, but we should also expect –thanks to the knowledge of the future- a great decrease in our misfortunes.

Reasons to believe

We can group the arguments in favor of EM in two possible ways: one of them is the *extrapolations* that can be made of the problems and disadvantages of FP; and the other is the *extrapolations* that can be made of certain advances in cognitive sciences and artificial intelligence. Both groups are far from being a conclusive support to the thesis of EM, and even Churchland states that the favorable arguments to EM " ... *are diffuse and less than decisive*[2], but they are stronger than is widely suppose" (Churchland 1984: 79).

As for the first mentioned group, basically the arguments turn round the primitivism of FP (Churchland 1984). Because of this the FP, as a theoretical structure, fails to predict, explain and manipulate, while a great deal of the topics that are close to us –like the one of the learning process- keep on being a big and unfathomable mystery[3].

A second legitimating motive of the eliminative expectations is the "inductive lesson" that we can extract from our conceptual history. It happens that the traditional theories have been replaced properly. It would be miracle to believe that in the case of FP, which dates back to more than twenty centuries, we have been right. Much on the contrary, states Churchland, if it has survived so much it is due to the extreme difficulty of the problems that it tackles.

In this point perhaps there are more difficulties than the obvious. It turns out to be that the "inductive lessons" have little to teach us and that in any possible way they can be considered to be a valid form of reasoning. But also, neither of all the ancient theories have been absurd losses, nor all the traditional ideas have turned out to be necessarily refuted with the advances of the new theories and modern technologies. Allow us to present here three examples on this matter. The first one cannot be but the Greek atomism that it turned out to be a very beneficial metaphysical program for the modern science (Popper 1963). A second case is the so-called

---

[2] The italics are ours.

[3] Although we have anticipated not to argue about Churchland's criticism to the FP, we do not want to ignore that it is not ridiculous to suppose that good part of them are based on attributing lapidary failures to the FP in tasks that it never tackled (Martínez-Freire 1995). In fact, in our opinion, the strategy to force monstrous pictures to demolish them later is not unknown to Churchland. It is enough to refer to the paragraph devoted to the presentation of dualism in "Matter and conscious-ness".

hypothesis *Gaia* (Lovelock 2000), whose roots and inspiration are in the myth of the Mother Earth or *pachamama* –as the natives of Latin America call it. Finally, we would like to allude to how, in some cases, too, the most novel technologies serve to change our perception on traditional and ancient notions. For instance, the idea that God sees everything. Although it was attacked and many tried to discard it pointing at it as chimerical, childish and a "threatening device" of the Church, today with the progress of technology –satellites, for example– it truly becomes more *thinkable*[4] than never (Ratzinger 2000).

In any case, we can find a third argument in favor of EM among the first grouping that we mentioned, which is related to a possible advantage "a priori" of it. The above mentioned advantage lies in the different bets that EM and its competitors make. Whereas functionalism and the identity theory consider there is a possible correspondence between the traditional notions of FP and a developed neuroscience, EM believes that such a thing will not be feasible. Considering the demanding requirements of a satisfactory reduction, the possibility a priori of EM would be substantially greater than that of the other alternatives[5].

Probably Churchland was thinking about this last one when he characterized as "diffuse" the favorable arguments for EM. I remember that last year the Pope Benedict XVI spoke against the theory of evolution, since he considered it to be "irrational" because it states that everything in the universe is at random. *A priori*, could be a convincing argument, so –as Thomas Nagel (1997) states– it is difficult to explain without teleology why the natural order would make rational beings appear. But it is also true that the Pope's argument is destined in the first instance to believers and that it would be "complemented" by such religious beliefs. Now, for a

---

[4] It is enough to visit *Google Maps* to have a complete idea of what we express.

[5] John Searle (2004b) states that from the impossibility of type-type reduction of the FP to the neurobiology to infer the inexistence of beliefs and desires turns out to be ridiculous. For this author such a thing would be as ridiculous as, since it is not also possible to make a type-type reduction -for example- from tennis rackets to entities in atomic physics, to come to the conclusion that the tennis rackets do not exist.

philosophy of mind of a scientific and materialistic approach, are the arguments that cannot otherwise nourish on hope and bet enough? As for the second group of extrapolations, which stand for the favorable arguments to EM, they say the following. In the first term, Churchland (1984) points towards a sort of demythologization of the mind. The evolutionary history of our species would indicate that there is no such a thing as a miracle of the mind. Through numerous examples –such as a submarine snail- he tries to demonstrate that big changes can be produced by fortuitous facts.

At the same time, neuropsychology, which tries to explain the psychological phenomena in terms of neurochemical, neurophysiological and neurofunctional activities, has made interesting advances –particularly in the comprehension of abnormalities. It is acceptable that a "functional map of the brain" could be put together.

As far as cognitive neurobiology is concerned, which owes its blooming to certain technological advances, to new theories and to computers, allows us to make out responses to the following questions: "how does the brain represent the world?" and, "how does it carry calculations out on these representations?" Churchland believes that "… there is a simple technique for representing, or *coding*, that is surprisingly effective" (1984: 212). In this way, in the case of the taste, for example, there would be "… a *unique* coding vector for every humanly possible taste" (Churchland, 1984: 212). Then, any taste sensation would only be a pattern of undulating frequencies that are transmitted from the mouth to the brain.

But, what mill are we taking water to? Because although it is clear that a materialistic orientation can benefit from this perspective, it is quite doubtful that EM could profit from it. Or in our philosopher own words: "… here there is a definite encouragement for the identity theorist's suggestion… that any given sensation is simply identical with a set of spiking frequencies in the appropriate sensory pathway" (Churchland 1984: 213).

Finally, EM attempts to find strength in the recent developments in artificial intelligence, particularly in what has to do with nervous networks and connectionism. The conclusion that is intended to come to is that the cognitive elements that are described with connectivist models have nothing to do with the notions of common sense (Churchland 1984, 1992; Ramsey 2003). Perhaps in this way, as Ramsey says "... the newer connectionist models may, for the first time, provide us with a plausible account of cognition that supports the denial of belief-like states" (2003).

Once again, we clash with arguments and scientific developments that we might qualify, generously, as promising. Not only because the connectionist eliminativism conclusions have been already criticized (Ramsey 2003)[6] but also because as Churchland himself admits, nothing has been concrete so far. We believe that the following passage provides some illustration on this point: "... I am willing to infer that folk psychology is false... We therefore need an entirely new kinematics and dynamics with which comprehend human cognitive activity, one drawn, *perhaps*, from computational neuroscience and connectionist AI. Folk psychology could *then* be put aside... Certainly, it *will be* put aside in the lab and in the clinic, and eventually, perhaps, in the marketplace as well"[7] (1992: 125).

Million dollar question

"... For eliminative materialism to get off the ground, we have to assume that scientific psychology is going to turn out a certain way. But why suppose that before scientific psychology gets there? What is the point of drawing such a drastic conclusion about the nature of mentality, when a central premise needed for that conclusion is a long ways from being known?"
William Ramsey (2003)

We began this work alluding to two abysses which EM faces, perhaps it would be now the opportunity to develop this idea.

---

[6] We refer to Forster and Saidel's criticism: "Ramsey, Stich and Garon's argument assumes that in highly distributed networks, it is impossible to specify the semantic content of elements of the network that are causally responsible for various cognitive episodes. Some have responded to their argument by suggesting that, with highly sophisticated forms of analysis, it actually is possible to pick out causally relevant pieces of stored information" (Ramsey, 2003).

[7] The italics are ours.

In the first place we would like to refer to the gap that we believe to find between a possible refutation of FP and the emergence of a materialistic version in its substitution, as Churchland seems to perceive. In a more precise way: should something like that *necessarily* happen? Is it impossible to suppose that a displacement would imply (an) alternative take over(s) for the FP? Or even better: why do we have to exhaust the variants to the current notions exclusively in a materialistic development of neuroscience?

Often, as the Spanish philosopher José Ortega y Gasset usually pointed out, certain *caricatures* help to observe the essential features of a problem. In that sense, allow us to offer the following example as a hypothetical extreme situation: FP, as Churchland believes, is a radically false theory. Nevertheless, it is proposed to replace it by a version, scientifically accepted, of the Calvinist predestination doctrine – which, it is worth specifying, turns out to be compatible with a deterministic physics. Consequently, all our notions of common sense are revealed as mere illusions, but in a way very far from the materialistic ideas proposed by our philosopher[8].

Of course we might allege –with good reason– that hypotheses of this style are very far from being probable. But with these extreme "alternative scenarios" we wanted to show that there is no necessary implication between the elimination of FP and its displacement towards the neurocientific prophecy of Churchland. If the example that we have just given is not mistaken just **as a possible alternative**, then it might well be that our current notions be replaced, for instance, by a union between science and Protestant metaphysics. Certainly we do not say that this is going to happen once, but not because of remote the alternative becomes impossible, being able then to be a possible substitute to the notions of the FP. In fact, it would be necessary to ask ourselves if, as a last resort, what might separate eliminativism from this "Calvinist" variant is not a difference in nature or plausibility but, simply, a matter of taste and desires.

---

[8] Another two parallel hyperbolic scenarios might be a causative-pantheistic monism *á la* Spinoza or some kind of neo-hegelianism, by means of which all our own actions, that we consider to be autonomous and intentional, were no more than the development of the Idea towards self-knowledge.

It is not our intention to discredit the naturalistic explanations, either, which have proved to be in many cases prolific. Simply, we want to point out, as Popper (1944) states, that we cannot predict in a scientific way today what we will know tomorrow. Then, the strength that a theory or a set of theories seem to show, or the trends that these generate, do not imply in any case that they are "true"[9] and, even less, that they can allow us to foresee with "certainty" the future. As it has been magnificently said by Dario Antiseri (1994), **science reasons out but does not justify**.

Then, the prophetic character of EM becomes more pronounced, since not even a hypothetical collapse of FP befits inevitably the materialistic version of Churchland, and there is not any way of knowing today what we will know tomorrow.

The second abyss that we perceive in the EM is that of its conceptual emptiness. It remains clear that Churchland is a staunch enemy of FP, but after acknowledging such a fact, we only find a use (and abuse) of a voluntary extrapolation and the promise of a golden future in which some scientist "fills" the above mentioned conceptual emptiness[10].

Since our philosopher is fully aware of the fact that it will be the completed neuroscience the one that will solve its theoretical deficiencies in the future, it becomes rather strange that he keeps on "preaching" for philosophers.

We hope that the following digression would be allowed to us at this moment: at the end of 2004, *Bases* Foundation –that I belong to– organized the presentation of the book *Cavilaciones de un liberal*, written by Alberto Benegas Lynch (son) in our city. During this presentation, Benegas Lynch, who is a great presenter, interesting, clear, precise, learned and pleasant, mentioned that in an opportunity he took part in a conference organized by the Episcopal Latin-American Council (CELAM) in a Central American Country. When he participated, the so-called *liberation theology* and *the choice*

---

[9] In fact, it would be very difficult to find a theory with more "verifications" than Newton's physics...

[10] It turns out to be ironic that his EM shares the same vice that Churchland denounces with regards to dualism: that of being simply "... an empty space waiting for genuine theory of mind to be a put in it" (1984: 42).

for the poor were enjoying great acceptance among many members of the clergy. That is why Benegas Lynch, who did not agree with those "ideas", suggested the following course of action to Third World priests: if you consider that the poor are already saved, and if also, you believe that the salvation of the human souls is a task that the Catholic Church must deal with, then you would not have any other alternative than that of directing all your missionary and pastoral effort to the rich, since they are the ones who more urgently need it.

We should add that despite his impeccable argumentative logic, Benegas Lynch was surprisingly invited to go on tourist visits during the rest of the days, without being able to participate in further sessions.

This anecdote clearly illustrates the steps that Churchland should take. Instead of continuing with the tedious philosophical work, which includes the writing of articles and the participation in regular controversies, he should go out to "preach the word" among the members of the neuroscientific community. Such a behavior would be as coherent as possible, since Churchland himself has stated in numerous opportunities that it will be in the laboratory, and not in the philosophical study room, where the awaited "elimination" takes place.

Such a thing would suit the EM structure itself, which consists of the following four main characteristics:

1) Prophecy: the FP elimination and its replacement for a completed neuroscience.

2) Prophet: Paul Churchland himself.

3) Messiah: who is not still between us. S/he is still awaited but is known to come from the field of science.

4) Paradise: consisting in the acquisition of the neurobiological individual knowledge, which would put an end to our misfortunes considerably. It might even go so far as to produce a "new man" and a "new culture".

If what we have been saying is correct, then the EM and all its domineering and scientific airs begin to be diluted. And for many more reasons that at first we might suppose. Beyond the problems of the "theory-theory", there are other good reasons to raise objections against the eliminative promises.

Since its appearance, the EM has been no more than an empty and cracked shell. So far, we believe that Churchland's materialistic powerlessness facing "the old and the familiar"[11] can only try to escape forward. To this "faith" in what John Searle (2004b) considers to be the *materialistic religion* of our era, a constant tendentious extrapolation is added as basement of the eliminative prophecies. As Churchland himself has pointed out between lines: "... it is dangerous to try to obtain too many conclusions about the brain based on the neuronal networks, and perhaps I am incurring this error"[12].

Bibliography

Antiseri, D.; Dahrendorf, R. (1995) *El hilo de la razón*, Fondo de Cultura Económica, Buenos Aires, 1998

Churchland, P.:

(1981) "El materialismo eliminativo y las actitudes proposionales" en *Filosofía de la mente y ciencia cognitiva*, Paidós, Barcelona, 1995

(1984) *Materia y conciencia*, Gedisa Editorial, Barcelona, 1999

(1992) *A neurocomputational perspective*, MIT Press, Cambridge/Massachussets

Fodor, J. (1987) *Psychosemantics*, MIT Press, Cambridge/Massachussets

Gray, J. (2002) *Perros de paja*, Paidós, Barcelona, 2003

Lovelock, J. (2000) *Gaia: A new look at life on Earth*, Oxford Paperbacks, Oxford

Martínez-Freire, P. (1995) *La nueva filosofía de la mente*, Gedisa Editorial, Barcelona

---

[11] Churchland does not hesitate to use the political metaphor. In this way, for example, he accuses functionalism of "conservative" and "obscure" and "reactionary" (Churchland, 1981). From an attack to Daniel Dennett comes the expression that we have repeated above: "This impulse in Dennett continuous to strike me as arbitrary protectionism, as ill motivated special pleading on behalf of the old and the familiar" (Churchland, 1992: 125).

[12] In the interview that the newspaper "El País" from Madrid held on April 12, 2000 (http://www.elpais.com/articulo/futuro/CHURCHLAND/_PAUL_/FILOSOF O_Y_CIENTiFICO/PAUL/CHURCHLAND/Cientifico/conocimiento/cerebro s/solo/parecen/lejos/igual/arboles/elpepusocfut/20000412elpepifut_1/Tes).

Nagel, T. (1997) "El naturalismo evolucionista y el miedo a la religión" en *La última palabra*, Gedisa Editorial, Barcelona, 2000

Popper, K.:

(1935) *The logic of scientific discovery*, Routledge, New York, 2004

(1944) *The poverty of historicism*, Routledge, New York, 2004

(1963) *Conjectures and refutations*, Routledge, New York, 2004

(1977) "Crítica del materialismo" en *El yo y su cerebro*, Labor Universitaria, España, 1982

(1994) *El mito del marco común*, Paidós, Barcelona, 1997

Ramsey, W. (2003) "Eliminative materialism" en *Stanford Encyclopedia of Philosophy*, on-line publication: http://plato.stanford.edu/

Ratzinger, J. (2000) *Dios y el mundo*, Editorial Sudamericana, Buenos Aires, 2005

Searle, J.:

(2004a) *Libertad y neurobiología*, Paidós, Barcelona, 2005

(2004b) *La mente: una breve introducción*, Grupo Editorial Norma, Colombia, 2006

Sorman, G. (2001) *El progreso y sus enemigos*, Emecé Editores, Buenos Aires, 2002

Stuart Mill, J. (1859) *Sobre la libertad*, Hyspamérica, Buenos Aires, 1971

ALBERTO BENEGAS LYNCH (h) EN GUATEMALA

Ramón Parellada C.

No se puede hablar de la trayectoria e influencia de Alberto Benegas Lynch (hijo) sin mencionar su paso por Guatemala. Y es que su paso por Guatemala dejó huella en los que fueron sus alumnos y fortaleció los primeros años del comienzo de la Universidad Francisco Marroquín (UFM)[1] en el país. Este ensayo pretende resaltar la importancia que tuvo Alberto Benegas Lynch h. en Guatemala y sobretodo en los comienzos de la UFM y para ello se entrevistaron a algunos de sus alumnos y personas que le conocieron en esa época.[2]

Esta es una universidad muy particular en la defensa de las ideas de la libertad. Fue fundada por un grupo de empresarios y académicos liderados por Manuel F. Ayau en 1971 y las clases comenzaron en enero de 1972. Su misión es la enseñanza y difusión de los principios éticos, jurídicos y económicos de una sociedad de personas libres y responsables.

Alberto Benegas Lynch llegó a Guatemala como profesor. En palabras del propio Manuel Ayau[3],

> en el tercer año, contratamos a profesores del extranjero para aquellas disciplinas en las que no encontrábamos profesores nacionales de nuestra inclinación filosófica. Entre ellos el más destacado y estimulante fue el Dr. Alberto Benegas Lynch h., de Argentina, quien permaneció en la UFM durante tres años. Cuando volvió a su patria organizó la Escuela Superior de Economía y Administración de Empresas basada en el modelo nuestro.

---

[1] www.ufm.edu

[2] Entrevistas a Francisco Pérez de Antón, Olga de Ayau, Roberto Ríos Sharp, Ramiro Alfaro, Luis Enrique Pérez, Julio H. Cole y Fernando Monterroso.

[3] Manuel Francisco Ayau Cordón. Mis Memorias y mis comentarios sobre la fundación de la Universidad Francisco Marroquín y sus antecedentes. Editorial UFM. 1992. Página 32.

La decisión de venir a la UFM no fue fácil para Alberto Benegas Lynch h. ya que recién había regresado a Buenos Aires luego de estudiar en el extranjero. Tenía todo para incursionar en el mundo empresarial. Hasta tenía una oferta de una gerencia general en una empresa exitosa con lo que su carrera hubiera tenido un giro diferente al que hoy conocemos como académico destacado en defensa de las ideas de la libertad. Precisamente el español Joaquín Reig Arbiol ofreció "financiamiento de una cátedra si aceptaba desempeñarse como profesor visitante full-time en la recientemente creada Universidad Francisco Marroquín, establecida para contrarrestar la influencia socialista en América Latina…"[4]

Alberto comenta que fue una decisión muy difícil para él y su esposa María porque dejaría la vida empresarial que se le hacía muy atractiva y para lo que se sentía muy bien preparado. En sus propias palabras:

…y acepté un convenio para enseñar tres asignaturas (dos en la carrera de grado de economía y una en el posgrado) durante un año que luego prorrogué por dos más, en los que también dicté clases a periodistas y empresarios y fui asesor de la revista Competencia y director de la Revista de la Cámara de Comercio, además de vincularme a la consultoría Profesionales Consultores Asociados (del Ing. Ricardo Alvarado).

Manuel F. Ayau explica este punto en sus Memorias así:

La sugerencia de traer al doctor Alberto Benegas L., h., fue de Joaquín Reig, quien visitaba Guatemala con motivo de asistir a la reunión regional de la Sociedad Mont Pelerin en Guatemala, en septiembre de 1972. Cuando le dije que eso nos costaría mucho dinero, nos asignó una donación de US.$.1,000.00 por mes para ayudar a traerlo.

Alberto Benegas Lynch se trasladó a Guatemala con su esposa María y sus hijos Marieta y Berti en 1973. Luego de tres años regresó a Argentina con María, y sus hijos Berti, Marieta y un guatemalteco,

---

[4] Adrián O. Ravier. La Escuela Austríaca desde adentro (Historia e ideas de sus pensadores) Volumen I. Unión Editorial. 2011. Página 163

Joaquín, un perro y un conejo. En 1973 y comenzó a impartir clases en la Universidad. Vino originalmente contratado por un año y prolongó su estadía por dos años más. La UFM estaba comenzando en una peligrosa época para las ideas de la libertad. Comenzó con pocos alumnos. Sin embargo, el carisma y solidez de Alberto impactó desde el inicio a todos los alumnos a los que les pudo impartir clases. Uno de sus alumnos de aquel entonces, Julio H. Cole, quien después de graduarse pasó a ser parte del claustro de profesores de Economía en la UFM y quien se identifica más con la Escuela de Chicago que con la Austríaca, se expresa con total honestidad del impacto de las clases que recibió con Alberto:

> Él era magnífico. Realmente no tengo palabras para describir que tan poderoso era en el en aula de clases. Era el polemista supremo. Jamás había sido expuesto a nadie como él. Tomas Sowell describió en una ocasión el curso de George Stigler en Chicago como un "derby de demolición intelectual". Yo creo que esta sería una justa característica del efecto de Benegas sobre sus estudiantes.

Alberto impartía los curso de Postulados Económicos Fundamentales I y II, cursos que todo alumno que ingresara a la UFM debía tomar independientemente de la carrera que escogiera. También impartió otros cursos para la Facultad de Economía que se llamaban Análisis Económico I y II así como Historia del pensamiento Económico. Impartió clases en prácticamente todas las facultades pero principalmente en la Facultad de Derecho, la de Economía y Administración de Empresa y en Escuela Superior de Economía y Administración de Empresas (ESEADE). Daba conferencias a todos los estudiantes de la UFM y también a gente que venía de fuera a escucharlo.

Todavía no existía ESEADE en Buenos Aires. Fue Alberto quien lo fundó a su regreso de Guatemala con el mismo nombre aunque con una diferencia, allá le dio énfasis a la investigación. Este tema siempre lo inquietó y provocó más de alguna sana discusión con Manuel F. Ayau. La Universidad Francisco Marroquín daba énfasis a la enseñanza sobre la investigación académica debido a lo restringido de los fondos y la urgencia de poder educar en el tema de la filosofía de la libertad a más estudiantes con los limitados recursos que se disponían. La investigación se hacía siempre y cuando permitiera a los profesores aplicarlos y enseñar mejor sus cursos.

Alberto siempre defendió la idea de un departamento de investigación académico a pesar de la escasez de recursos. Adrián Ravier[5] lo captó muy bien en su libro:

> El Departamento de Investigaciones lo ideamos con Jorge Messuiti, que fue el primer Director Académico de ESEADE en 1978, ya que una casa de estudios necesita inexorablemente de producción intelectual para alimentar a las cátedras y para publicar en medios externos al Departamento o internamente para discutir y circular papers. Paradójicamente este Departamento es lo que más difícil resulta de explicar a la comunidad empresaria y, por ende, lo más dificultoso para obtener recursos.

Fernando Monterroso, quien fuera rector de la UFM por quince años y sigue siendo uno de los profesores más preferidos por los alumnos, no solo recibió clases con Alberto cuando estudiaba economía sino que también fue su auxiliar. Fernando recuerda que

> Alberto era muy joven y con un increíble entusiasmo por las ideas de la libertad. Ese entusiasmo nos lo contagio a muchos. Admiramos su dominio de todos los temas relacionados con la acción humana y su afán por hacer que cada uno de nosotros comprendiera la lógica que hay en el funcionamiento de un mercado libre. En los 70´s, esas ideas eran sumamente novedosas y desconocidas por todos nosotros. Muso (como le apodaban a Manuel Ayau) y el fueron nuestros mentores. La pasión que hasta el día de hoy sentimos la mayoría de sus alumnos por diseminar y trabajar en pro de esos principios se la debemos a la forma en que ellos nos contagiaron con ese entusiasmo. Son pocos los profesores que te puedo decir que "cambian vidas" y Alberto es, definitivamente, uno de ellos.

---

[5] Adrián O. Ravier. La Escuela Austríaca desde adentro (Historia e ideas de sus pensadores) Volumen I. Unión Editorial. 2011. Página 165

En esa época, específicamente en 1975, existía la oficina de la Agencia de Noticias de Guatemala (ANG) fundada para difundir información periodística y opiniones editoriales inspiradas en la filosofía liberal. Alberto también dio clases a periodistas en esta agencia. Uno de sus alumnos es un destacado filósofo, profesor universitario, columnista y periodista, Luis Enrique Pérez. Nos recuerda Luis Enrique que

Alberto fue contratado para asesorar a la agencia en la preparación de información periodística sobre tópicos económicos, en los cuales era esencial tener conocimiento de los principios de una economía libre, por ejemplo, cuando se difundía información sobre la imposición de precios máximos, o sobre déficit fiscal y emisión monetaria. Adicionalmente, Alberto asesoraba a la Agencia en la elaboración de comentarios editoriales en los cuales se expresaba una opinión sobre el acontecer económico nacional, en los cuales también era esencial, por supuesto, tener conocimiento de los principios de una economía libre. Entonces nos reuníamos de lunes a viernes, en un salón de sesiones de la oficina de la agencia noticiosa, y allí Alberto me impartía clases. Yo era redactor de las noticias y de las opiniones editoriales.

Luis Enrique explica en varios puntos qué aspectos recuerda que le hicieron admirar a Alberto:

Primero. Alberto tenía un sólido conocimiento de los principios de la filosofía liberal. Algunas veces yo tenía la impresión de que no era un liberal meramente clásico, sino "hiperclásico".

Segundo. Alberto aplicaba con extraordinaria habilidad los principios del liberalismo económico, a cualquier suceso económico, aunque fuera muy insignificante (por ejemplo, regatear en un mercado municipal).

Tercero. Era sumamente consistente. Jamás expuso una opinión de la cual yo pudiera crear que dudosamente era compatible con los principios de la filosofía liberal. Esta consistencia era muy admirable; y hasta provocaba reacciones adversas en liberales con quien él discutía.

Cuarto. Era intelectualmente muy lúcido. Como parte de esa lucidez destacaba notablemente su talento analítico, que podía ser abrumador. Lo incluyo entre las personas con más aptitud analítica económica que he conocido.

Quinto. Apasionado. Hablaba del liberalismo con pasión. Lo enseñaba con pasión. Discutía con pasión. Ello no significaba que la pasión predominara sobre su razón. Ocurría precisamente lo opuesto: la comprensión puramente racional era el fundamento de su pasión. Es decir, aquello que comprendía racionalmente, lo enseñaba y lo discutía apasionadamente. Esta actitud apasionada provocaba, no reacciones adversas necesariamente, sino perturbación en los interlocutores.

Sexto. Honestidad intelectual. Era intelectualmente honesto. Entiendo por honestidad intelectual el atributo moral de buscar la pura verdad, independientemente de cualquier otro interés. Es la búsqueda de la verdad por la verdad misma.

Séptimo. Humorismo. Tenía un sentido del humor realmente muy desarrollado. Debo decir que algunas veces nuestras sesiones eran interrumpidas por carcajadas provocadas por una ocurrencia humorística de Alberto. Recuerdo que una vez me aproximaba yo a la sala en que recibiría la lección. ¡Lo encontré asido del dintel de la puerta de la sala, balanceándose graciosamente!

Francisco Pérez de Antón, exitoso empresario, ingeniero, con un máster en Economía en la UFM, profesor universitario, periodista y, sobretodo, un destacado y admirable orador y escritor, conoció de primera mano a Alberto cuando vino a Guatemala. Llegó a formar una estrecha amistad y, aunque no recibió clases con Alberto, solían tener grandes discusiones intelectuales en lo personal y en lo que luego se denominaría el Ateneo Liberal.

Al preguntarle a Paco, como cariñosamente se le conoce a Pérez de Antón, sobre Alberto nos cuenta que

era una persona muy simpática, entradora e inclinada al buen humor y la ironía. Su rasgo más acusado era su vocación por el debate. Le encantaba contradecir al adversario, pero lo hacía siempre con un respeto detrás del cual se notaba su afán por convencer más que el de derrotar. En este aspecto, yo diría que era un tanto mayéutico. Tenía una memoria excepcional y había leído muchísimo, pero, de cualquier manera, estaba recién graduado y, al igual que los demás, trataba de enriquecer su cultura económica en aquel curioso cenáculo. Escribía artículos en la prensa y creo que editó durante un tiempo la revista de la Cámara de Comercio. Fue muy importante en aquellos primeros días de la U porque no había muchos que enseñaran liberalismo en el país.

Alberto Benegas Lynch (h) fue fundamental para la difusión de las ideas de la libertad en Guatemala. Sus clases, sus conferencias, sus artículos periodísticos y asesorías coadyuvaron para que la Universidad Francisco Marroquín se fortaleciera en sus primeros años marcando una tendencia que luego continuaría con sus alumnos y quienes le conocieron y tuvieron oportunidad de discutir diversos temas en esa defensa de una sociedad de personas libres y responsables.

El Ateneo Liberal fue un grupo formado en 1973 para variados en un ambiente informal y tranquilo entre un grupo selecto de profesores y destacados alumnos. Algunos de los fundadores fueron el mismo Alberto Benegas Lynch, Manuel F. Ayau, Joseph Keckeissen y Mario David García. Luego se incorporaron Francisco Pérez de Antón, Fernando García, Fernando Linares Beltranena, Luis Enrique Pérez, Sandra Samayoa de Alfaro, Juan Carlos Simmons, Olga María Ayau, Marta Altolaguirre, Julio H. Cole, Rosa María Gomar, Rosa María Campollo, Pedro Aguirre, y otros. Se reunían cada quince días en la casa de algunos de los miembros y las discusiones eran intensas y fatigantes sobre temas de economía, política y derecho. Identificaban un tema y un texto relacionado al mismo. La idea era leer el texto y discutirlo en la siguiente sesión. Cada sesión tenía una duración de 3 horas. Se juntaban a las 18:30 y solían terminar a las 22 horas pero en bastantes ocasiones se extendieron hasta la media noche.

Alberto regresó a Argentina a finales de 1976 y el Ateneo Liberal duró un par de años más. Lo cierto es que formó a este grupo de curiosos intelectuales como a ningún otro y de esa cuenta todas las personas que lo conformaban siguieron y continúan difundiendo y defendiendo las ideas de la libertad con sólidos conocimientos en distintos ambientes en Guatemala.

No cabe duda de que Alberto dejó huella en Guatemala y sus cátedras, conferencias, libros y artículos han impactado a miles de personas en todo el mundo. Fruto de ello es que la Universidad Francisco Marroquín fue honrada por Alberto al otorgarle un doctorado Honoris Causa en Ciencias Sociales el 12 de agosto de 1996, la más alta distinción que otorga la universidad.

ENTRERPRENEURIAL PROFIT: THE METRICS

Juan C. Cachanosky

Introduction

Adam Smith had already differentiated between ordinary and extraordinary profits.[1] According to the Scottish philosopher, ordinary profits are those that do not attract new capital or expel established capital from a productive sector of the economy. On the other hand, extraordinary profits generate new investments in the sector. If profits fall below the ordinary level, capitals flow out the sector.

One of the theoretical problems of most of the classical economists was their failure to distinguish clearly capitalists from entrepreneurs. For them, the capitalist *was* the entrepreneur. The first author to make that distinction was French economist Jean-Baptiste Say[2], although Richard Cantillon had already used the term before. However, it was the Austrian School of Economics that systematically shone the light on the entrepreneurial function.[3]

The introduction of the use of mathematical model in economic theory assumed conditions that ignored the "essential" point to be explained: how the prices coordinate the disperse and unsymetric information. Mainstream microeconomic theory assumes that in a perfectly competitive market there is perfect knowledge. On the other hand the Scottish and Austrian School economists assume exactly the opposite: information is scattered and no person or group of persons has access to all the information necessary to allo-

---

[1] Adam Smith, *An Inquiry Into the Nature and Causes of the Wealth of Nations*, Chapter 9.

[2] For a very interesting historical exposition see Juan Sebastián Landoni doctoral dissertation *Sobre los alcances de la función empresarial. Una aproximación a la empresarialidad institucional.*

[3] See especially, Ludwig von Mises, "Profits and Losses," *Planning for Freedom*, Libertarian Press, 1980; Israel M. Kirzner, *Competition and Entrepreneurship*, University of Chicago Press, 1974.

cate the scarce resources in a centrally planned economy. Thus, all human action implies that decision making is always carried out with incomplete information.

For the Austrian School economists, there is entrepreneurial profit only when income from sales exceeds "all" costs involved in the productive process (including capital costs). Profits can only take place in a world where information is scattered. Under conditions of perfect knowledge, there would be no opportunity for entrepreneurial profit because the market would instantly arbitrate.

In modern finance terms, we can say that when the return on the capital invested (ROIC) is equal to the Weighted Average Cost of Capital (WACC) there is no entrepreneurial profit or, in Adam Smith terms, the yield is an ordinary profit. Entrepreneurial profit is obtained when the ROIC exceeds the WACC. This entails accurately defining both ROIC and WACC. Once these terms have been properly defined, the analytical possibilities are:

1	ROIC < 0
2	WACC > ROIC > 0
3	WACC = ROIC > 0
4	WACC < ROIC > 0

In (1) operating income does not cover operating expenses, so the firm's profitability is negative. In (2) operating income exceeds operating costs, so there is an "accounting" profit but the return on invested capital is lower than the cost of capital (WACC > ROIC), resulting in an "economic" loss. The investment is not recovering all costs. The firm is losing market value. In (3) there is "accounting" profit because the ROIC is positive but economic profit is zero (ROIC = WACC). The market value of the firm remains unchanged.

Only in instance (4) do we see both "accounting" and "economic" profits. In this instance, the value of the firm increases. It becomes more competitive and is sustainable in the long term.

NOPAT (Net Operating Profits After Taxes)

Conventional accounting employs a variety of ratios to measure the firm's performance. Among the most widely used are those that relate net profit with shareholders equity (Net Income/Equity) and the ratio between net profits to total assets (Net Income/Assets). Both ratios however are seriously flawed.

First, net profit is not an "objective" result.[4] Different criteria can be applied to compute (1) the cost of goods and raw material, (2) research and development expenses, and (3) account for depreciation. The possible combinations among the different criteria yield at least 24 different net profit outcomes for a single firm in a same time period. In order to determine the return on invested capital (ROIC) we need an objective metric. We can conclude that net profit as understood by conventional accounting criteria is merely an "opinion."

Second, mainstream accounting does not take *time* into account. For instance, if two firms obtain the same net profit following similar accounting criteria, one firm collects the proceeds from sales immediately and the other one does not, carrying the item under accounts receivable. Capital yield will not be identical for both firms.

Finally, net profit is put in the same category as operating costs and the cost of capital. For managerial decision-making, it is important to separate these concepts: capital yield is different from its financing. Let us look at a firm whose value is $10,000:

Table I			
	0% debt	30% debt	60% debt
Operating income	20,000	20,000	20,000
Operating costs	15,000	15,000	15,000
Operating profit	5,000	5,000	5,000
Interest paid (5%)	0	150	300
Pre-tax profit	5,000	4,850	4,700
Tax (35%)	1,750	1,697	1,645
Net profit	3,250	3,153	3,055
Plus interest paid	0	150	300
Less fiscal shield	0	53	105
= NOPAT	3,250	3,250	3,250

---

[4] For a discussion of this problem, see Juan C. Cachanosky, "Value Based Management", *Enfoques*.

Table I shows the case of a firm with a different level of debt, keeping the activity figure constant ($20,000 in sales). Net profit tends to diminish as debt grows. This means that the ratio net profit over total assets tends to diminish, but the ratio net profit over shareholders equity tends to increase, as shown below in Table II.

Table II			
	0% debt	30% debt	60% debt
Liabilities	0	3,000	6,000
Shareholders equity	10,000	7,000	4,000
Total assets	10,000	10,000	10,000
Net profit	3,250	3,153	3'055
Net profit/total assets	32.50%	31.53%	30.55%
Net profit/ Shareholders equity	32,50%	45,00%	50,92%

The capital of a firm is composed of the set of equipment, tools, installations, and liquid capital, and it does not appear reasonable to conclude that *same* capital has varying yields depending on the various financing sources.[5] We must find an objective way to calculate the ROIC in order to make better-informed decisions.

The way to resolve the problem of the different accounting criteria and the *time* factor is to resort to the cash flow. This means accounting for sales and expenses when they are collected or paid rather than when the corresponding invoices of goods are issued or received. Thus we arrive "objectively" at what mainstream accounting treats with varying criteria, thereby finally solving the "time" problem that mainstream accounting completely ignores.

Once accounting data have been turned into objective information and time has been taken into account, we need to accurately express net profit, separating operating income from financing.

If we add to the net profit interest income (non-operating) and subtract the fiscal shield (non-operating income from tax savings) we arrive at the NOPAT (Net Operating Profits After Taxes). This is a very simple and intuitive concept. NOPAT equals operating

---

[5] The value of value of the set of capital goods depends on the present value of the estimated future free cash flow it might generate?

sales minus operating costs and minus taxes without considering the tax shield.[6] In other words NOPAT expresses the cash flow generated by the company operations and should be high enough to pay for the cost of capital.

Table I shows that, regardless of the firm's financing structure, NOPAT remains unchanged. Conceptually, NOPAT is the operating cash flow left over after paying taxes. NOPAT corrects the problems of the net profit.

Dividing NOPAT by the capital invested in the firm, we obtain the return capital (ROIC)[7].

Having determined ROIC, management must ensure it exceeds the cost of financing capital, that is, the WACC. WACC is defined as:

$$WACC = i \ (1 - t) \ (D/C) + r \ (PN/C)$$

Where "i" is the interest rate the firm pays for the debt incurred; "D" is the firm's debt; "t" is the effective income tax; "C" is the firm's capital, "r"[8] is the yield investors expect from the firm (including risk) and NP is the shareholders' equity.

Firms must seek a financing structure that minimizes WACC in order to increase the firm's value.

Entrepreneurial Profit

In order to maximize the value of the firm, the management must increase the ROIC as much as possible relative to the WACC. The higher this spread, the higher the value of the firm.

---

[6] The tax shield should be computed in the calculation of the cost of capital. The tax shield is generated by the debt. Without debt there is no tax shield. This is why the tax shield should be computed in the cost of capital.

[7] Both the balance sheet and the income statement must be corrected in order to accurately determine a firm's capital. The consulting firm Stern & Stewart identified over 100 corrections that must be made to balance sheets in order to determine operating capital. These corrections exceed the scope of this paper.

[8] To calculate "r", CAPM (Capital Assets Pricing Model) is commonly used.

This spread, then, is where the value creation resides, and this is what we may call: Entrepreneurial Profit, which was the way in which economists have defined economic profit, mainly Alfred Marshall who called it "economic profit." Adam Smith spoke of extraordinary profit. And Ludwig von Mises talked about entrepreneurial profit or economic calculation:

$$\text{Entrepreneurial Profit} = \text{Capital} \, (\text{ROIC} - \text{WACC})$$

The capital invested in the firm multiplied by the ROIC is NOPAT, that is, the after-tax operating cash flow. When ROIC = WACC, the cash flow generated by the firm is equal to the cash flow expected by investors; the firm's value is unchanged, or the entrepreneurial profit is zero. If ROIC > WACC then the cash flow from operations exceeds the minimum return expected by shareholders, and the firm's value increases, or the entrepreneurial profit is positive. On the other hand, when ROIC < WACC, operating cash flow is not enough to cover the investors' minimum return, and the firm's value decreases or entrepreneurial profit is negative.

Maximizing Profit vs. Maximizing Value

Economic textbooks usually make the assumption that the goal of the firm is to maximize profit. But this assumption is quite vague and could lead to making inaccurate business decisions. In fact, it was a short term benefit that led many firms to lose market value. A firm that aims at short term profit, loses competitiveness in the long run. It maximizes present profit and minimizes future ones. Cutting on costs that add value leads to lessening the competitive market advantage. Examples of this would be an oil company that does not spend on exploration in order to show higher profit on the balance sheet, or an educational institute that does not provide current computers or does not pay salaries to retain good professors. These decisions may seem cost effective in the present but lead the organization to lose sustainability in time and will end up being crushed by the competition.

The value of a firm is estimated by the present value of the free cash flow of the firm's life cycle. This requires defining the cash flow to be discounted.

In order to operate, the firm needs capital, and that capital comes from shareholders (or owners) and lenders. We saw earlier that the capital must have a ROIC higher than its financing cost. Financing cost is represented by the WACC which is the weighted average of the interest rate that lenders charge and the minimum yield that investors demand.

For the firm to attract equity investors, it has to provide the minimum=return these demand. The cash flow to be discounted in order to assess the value of the firm is that distributed among those who contributed the firm's capital. This cash flow is known as Free Cash Flow (FCF) and it is defined as follows:

FCF = NOPAT – Net Investment

We have seen that the NOPAT is the operating cash flow left over after the firm pays taxes. If we deduct from this operating cash flow the net investment, we obtain the sum of money left over to divide among investors, or FCF.

So the value of the firm is:

$$\text{Value of the firm} = \sum_{n=1}^{n=\infty} \left(1/(1 + WACC)^n\right) FCF_n$$

This valuation method arrives at exactly the same result as the Entrepreneurial Profit (EP) method. The EP method consists of adding the starting capital to all present values of future Entrepreneurial Profits. Intuitively, it means adding the capital initially contributed to all value that accrues. Mathematically, it can be expressed as follows:

$$\text{Value of the firm} = \text{Starting Capital} + \sum_{n=1}^{n=\infty} \left(1/(1 + WACC)^n\right) EP$$

While both formulas yield the same outcome, the EP valuation formula makes it possible to track the firm's performance, while

208

discounting the FCF does not. EP valuation allows management and investors to monitor whether value is being created or destroyed.[9]

Disaggregating ROIC

ROIC can be disaggregated into its components or value drivers. This allows us to visualize the elements that contribute to the creation of value. This provides management with a scorecard to contemplate where they can act in order to increase the firm's value. Next, we separate the ROIC's value drivers.

We have already defined ROIC as NOPAT divided by invested capital (CI)

$$ROIC = NOPAT / CI$$

NOPAT can be expressed as:

$$NOPAT = \text{Operating Profit} (1 - t)$$

With "t" being the tax rate. So now we have:

$$ROIC = \text{Operating Profit} (1 - t) / CI$$

Multiplying and dividing by sales (S):

$$ROIC = (\text{Operating Profit} / S) (S / CI) (1 - t)$$

Operating profit is sales less operating cost. For instance, let us assume that the operating costs of a firm include cost of goods sold (CGS), marketing (Mkt), fixed expenses (FE) and depreciation (D). If we further separate Invested Capital into Working Capital (WC) and Fixed Capital (FC), the formula above can be expressed as follows:

$$ROIC = (S - CGS - Mkt - FE - D) / S) (S / (WC + FC)) (1 - t)$$

The formula can also be expressed as follows:

$$ROIC = (1 - (CGS/S) - (Mkt/S) - (FE/S) - (D/S)) (1 / ((WC/S) + (FC/S))) (1 - t)$$

---

[9] See Juan C. Cachanosky, "Value Based Management", Buenos Aires, ESEADE, *Libertas* 30.

The formula should be disaggregated to the maximum extent possible in order to identify how each cost component affects ROIC. This gives a clear view to analyse what elements must be acted upon in order to augment ROIC and widen the spread with the WACC.

Revolutionary contributions

Research avenues opened by Modigliani and Miller with their seminal papers on the firm's dividend policy are multiple and revolutionary.

Mainstream microeconomics is far from providing an operational explanation of the firm's decision-making; while mainstream accounting does not offer an objective metric for the firm's performance.

What we can call Value Based Management strengthens microeconomic theory, and indirectly aids in reformulating a more solid macroeconomic theory.

A theory that offers an operational explanation of both short and long run value of firms not only aids the role of the market process in efficiently assigning productive resources, but also contributes to our understanding of the effects of macroeconomic policies.

Value Based Management has provided the Austrian School of Economics with a mathematical foundation and given new life to the Austrian theory of market process and its theory of money and credit.

Bibliography

Adam Smith, *An Inquiry Into the Nature and Causes of the Wealth of Nations*, Liberty Fund, 1982
Alfred Marshall, *Principles of Economics*, Digireads.com Publishing, 2012
Alfred Rapapport, *Creating Shareholder Value: A Guide For Managers and Investors*, The Free Press, 1998
Erik Stern and Mike Hutchinson, *The Value Mindset: Returning to the First Principles of Capitalist Enterprise*, John Wiley & Sons, Inc., 2004

Frank H. Knight, *Risk, Uncertainty and Profits*, Evergreen Books, 2008

Israel M. Kirzner, *Competition and Entrepreneurship*, University of Chicago Press, 1974.

Ludwig von Mises, "Profits and Losses," *Planning for Freedom*, Libertarian Press, 1980

Tim Koller, Marc Goedhart and David Wessels, *Valuation: Measuring and Managing the Value of Companies*, John Wiley & Sons, Inc., 2010.

Made in the USA
Columbia, SC
21 August 2024

40417001R00126